한국교회 교육사

한춘기 지음

대한예수교장로회총회

 개정판 서문

    2004년 초가을에 「한국교회 교육사」라는 제목의 책을 출간하였다. 신학, 선교, 그리고 기독교교육의 분야에 꼭 필요한 책을 내게 되어 기쁨이 매우 컸다. 이제 부분적으로 조금 미진한 부분을 보충도 하고 몇 군데는 글자 수정을 하였다. 이 개정판에서는 그동안 학교에서 강의하던 교회교육사 전반에 대한 내용을 제1장으로 수록하였다. 이 책이 한국교회 성도 여러분, 선교사님들, 그리고 기독교교육 전문가 및 학생들에게 많이 읽혀지기를 소원한다.

2006년 7월
저자 한 춘 기

 저자서문

　신호등은 자동차들이 계속 진행해야 할지 아니면 방향을 바꾸어야 할지를 알려준다. 마찬가지로 과거의 역사도 현재와 미래의 진로를 위한 방향제시를 해준다. 현재의 한국교회는 정체 내지는 하향곡선을 긋고 있지만, 19세기 말 복음이 전파된 이후 100여 년 동안 놀라운 부흥을 해왔다. 어떻게 한국교회가 이렇게 발전하고 부흥하였을까? 그 원인은 무엇일까? 그에 대한 답을 알게 되면 한국교회의 미래를 위해서만 아니라 세계교회와 선교사들의 선교사역의 방향을 가늠할 수 있을 것이다.
　한국교회의 부흥은 무엇보다 하나님의 축복이요 뜻이다. 뿐만 아니라 하나님의 계획에 쓰임받은 사역자들의 헌신과 노력의 결과이다. 또한 그들의 사역의 방향과 정책이 가져온 열매이다. 지금도 동서양을 막론하고 교회부흥은 말씀선포가 살아 있으면 부흥하고 그렇지 못하면 쇠퇴하는 것이다. 말씀이 살아 있는 교회의 특징은 무엇인가? 말씀교육이 살아 있는 것이다. 한국교회가 이렇게 부흥한 것은 말씀교육에 전념하였기 때문이다.
　이 책에서 과거 120년간의 한국교회의 교육에 대하여 살펴보았다. 교회 지도자들이 교회교육에 대하여 어떤 생각을 했고, 어떠한 정책을 수립하였으며, 어떻게 교회교육을 실천하였는지 살펴보았다. 과거를 살펴봄으로써 오늘의 한국교회가 당면한 교회의 쇠퇴와 성도들에게 미치는 영적인 영향력의 약화를 비롯하여 기성교인세대와는 비교되지 않을 정도로 영적으로 약화되어만 가는 현 세대를 돌아보고, 이 문제를 푸는 단서를 찾기 원한다.

　이 책에서는 한국교회 교육의 역사를 초기, 중기, 후기로 나누었다. 그리고 제1장에서 제5장까지는 초기의 역사, 곧 복음이 처음 전파된 해인 1884년부터 3·1운동이 일어난 1919년까지의 역사를 서술하였다. 그리고 제6장에서 제8장까지는 중기의 역사 곧 3·1운동이 일어난 이후부터 1945년 해방될 때까지의 교회교육을 살펴보았다. 그리고 제9장 이후에는 해방 이후의 교회교육을 살펴보았는데, 이 시기는 각 교파가 여러 교단으로 분열된 시기로 각 교단을 전부 살펴볼 수가 없었다. 그리하여 제9장에서는 몇 교단들의 해방 이후 교회교육사를 살펴보았고 마지막 장에서는 대한예수교장로회총회(합동)의 해방 이후 교회교육사를 소개하였다.

　지난 여러 해 동안 총신대학교에서 이 과목을 강의해 왔는데 미약하지만 그 내용을 요약하여 「한국교회 교육사」라는 제목으로 한국교회 앞에 내어놓는다. 여러 군데 부족한 곳이 있는데 이 부분은 앞으로 기회가 닿는 대로 수정 증보할 계획이다. 이 책을 출판하는 데는 총신대 기독교교육과 학우들과의 강의시간이 큰 도움이 되었으며, 원고를 읽어준 권지영 전도사와 총회출판국장님, 그리고 여러 직원들의 도움과 수고에 감사를 드린다.

2004년 8월
사당동산에서　한 춘 기

차 례

개정판 서문 _ 3

저자서문 _ 4

제1장 서론 _ 7

제2장 한국교회 교육의 시대구분 _ 19

제3장 선교정책과 교회교육 _ 31

제4장 내실화정책으로서의 교회교육 _ 45

제5장 교회 중심의 청년교육사역 _ 61

제6장 교회 중심의 연합교육사역 _ 75

제7장 일제하 한국교회의 상황 _ 89

제8장 교회교육의 내용 _ 99

제9장 성경구락부 사역 _ 111

제10장 후기 한국교회 교육사 _ 125

제11장 대한예수교장로회(합동)의 기독교 교육사 _ 141

색인 _ 167

한국교회 교육사

제1장
서론

네 하나님 여호와를 사랑하고
그 말씀을 순종하며 또 그에게 부종하라
그는 네 생명이시요 네 장수시니
여호와께서 네 열조 아브라함과 이삭과 야곱에게 주리라고
맹세하신 땅에 네가 거하리라(신 30 : 20)

 제1장

서론

한국교회 교육사를 공부하기 위한 배경으로서 구약시대의 교육에서부터 20세기 미국에서의 교회교육까지 간략하게 살펴보려고 한다.

1. 구약시대의 교육

구약시대의 신앙교육은 크게 유대교육과 성막으로 나눌 수 있다. 먼저 유대교육에 대하여, 다음으로 성막교육을 살펴보자.

유대교육

유대교육은 족장시대부터 시작되었다. 창세기에서 족장을 찾아볼 수 있는데 족장으로는 아브라함, 이삭, 야곱, 그리고 요셉이 이에 속한다. 이들의 신앙은 창세기 12장에서 50장까지와 히브리서 11장 8절 이하에서 찾아볼 수 있다. 유대교육에서는 가정이 교육기관이었으며, 교육 형식은 비

형식적이었고 교육기관의 성격은 자연적이었다.

성막교육

(1) 내용

성막교육의 내용은 율법이었다. 성막시대를 인도한 지도자 모세는 세상의 지식과 함께 하나님께로부터 율법을 받아 백성들을 가르쳤다. 사도행전(7 : 22)에서는 모세가 애굽 사람의 학술을 다 배워 그 말과 행사가 능하였다고 말한다. 그리고 히브리서(11 : 24, 25)에서는 모세가 바로의 공주의 아들이라 칭함 받기를 거절하고 하나님의 백성과 함께 고난 받기를 잠시 죄악의 낙을 누리는 것보다 더 좋아하였다고 말한다.

하나님께서는 출애굽하여 광야의 길을 가던 중에 시내산에서 모세에게 율법을 주셨다. 이 율법(갈 3 : 24)은 사람들을 '그리스도에게로 인도하는 몽학선생이 되어 우리(사람들)로 하여금 믿음으로 말미암아 의롭다 함을 얻게 하려'는 것이다. 곧 율법을 주신 목적은 하나님의 백성들을 가르치기 위함인데, 하나님은 율법을 통하여 사람들이 행해야 할 규범, 사람의 불순종, 위법, 배신 등을 보여주신다. 그리고 율법은 하나님의 백성들에게 거룩과 의를 요구하지만 사람은 연약하고, 악하고, 부족하여 하나님의 요구대로 살지 못하므로 하나님의 은혜의 필요성을 깨닫게 하여 그리스도에게로 나아가게 하는 것이다. 율법은 계명(출 20 : 1~26), 사회생활에 관한 심판들과 규칙들(출 21 : 1~24 : 11), 예배와 관계된 명령들과 규례들(출 24 : 12~31 : 18)로 구성되어 있다.

(2) 교육자

성막교육은 제사장이 담당하였다. 제사장은 바벨론 포로 때까지 공인된 교사로서 사역하였다. 제사장은 레위지파의 남자들로서 병역의무가 면

제되었으며, 경작할 농토가 없이 각 족속들이 하나님께 드리는 십일조로 살았다.

그들의 임무는 ①이스라엘 백성들을 대신하여 하나님께 나아가 제사를 드리고 하나님의 뜻을 구하며 ②율법의 해석자요 교사이며(겔 44 : 23) ③백성들끼리 어떤 관계를 가지고 살 것인가를 가르치며 ④백성들에게 윤리와 시민법을 교육하고 ⑤백성들의 개인문제에도 관심을 갖고 도와주는 것이었다.

2. 신약시대의 교육

신약시대의 신앙교육은 초대교회 시대, 중세시대, 종교개혁 및 이후 시대 그리고 주일학교 시대로 나누어 논의하고자 한다.

초대교회 시대

초대교회의 교육은 유대교의 영향을 많이 받았다. 즉, 예수님과 사도들의 설교도 유대교적 교훈과 예배에 기초를 두고 있었을 뿐 아니라 유대인들의 교육이 기독교교육의 이론과 실제에도 많은 영향을 주었다. 초대교회는 교육을 강조하였으며 교회교육은 선택이 아니라 필수였다. 예수님의 교육, 사도들의 교육, 그리고 초대교회 교육기관을 통하여 초대교회 교육을 어느 정도 이해할 수가 있다.

(1) 예수님의 교육

예수님은 교훈과 강론뿐 아니라 많이 가르치셨다. 그리고 교육하라고 명령하셨다. 그 예로 대위임령을 들 수 있다. 마태복음 28장 19~20절은 예수님의 지상명령인데 그 핵심명령은 '제자를 삼아라' 이다. 그리고 "모든 것을 가르쳐 지키게 하라"고 하심으로 지식과 더불어 삶의 변화를 요구한다. 이것이 예수님의 가르침의 특징이다.

이러한 예수님의 교육은 첫째, 일관성이 있다. 즉 예수님의 말과 행동은 일치하였는데 이것은 예수님의 교육의 위대성을 나타내는 것이다. 둘째, 참된 가치를 지향하였다. 겉모양이나 형식이 아닌, 참된 가치가 예수님의 교육의 중심이요 관심이었다. 일상생활의 모든 경험이 교육의 한 부분이 되었다. 셋째, 관계를 중요시하였다. 예수님은 개인을 향한 관심과 열정이 있었다. 제자들과 상호작용이 이루어지는 교육을 하셨다.

(2) 사도들의 교육

사도들의 교육의 근거는 주님의 지상명령에 대한 실천이었다. 사도행전 5장 42절은 "(사도들이) 날마다 성전에 있든지, 집에 있든지, 예수는 그리스도라 가르치기와 전도하기를 쉬지 아니하였다"고 말한다. 사도들의 교육 장소로는 첫째, 기독교인의 모임이었다. 여기에서 성경교육을 하였고, 애찬식을 행하였으며, 공동체의 일을 처리하였다. 둘째, 기독교 가정이었다. 유대교육에서 가정이 교육의 중심지였던 것과 같이 초대교회 교육도 유대교육의 영향을 받아 가정이 교육의 중심이었으며 학교는 가정교육의 보완수단이었다.

(3) 초대교회의 교육기관

초대교회의 교육기관들은 다음과 같다. 첫째, 세례지원자 학교인데 이는 1세기부터 시작하여 450년 이후에 쇠퇴하였다. 이는 특히 이방인을 위한 것이었다. 그러나 남녀노소, 유대인, 비유대인을 초월하여 세례지원자는 모두 입학할 수 있었다. 교육내용으로는 12사도 교훈서(디다케), 헤르

마스의 목자서(the shepherd of Hermas), 이레니우스, 키프리안, 순교자 저스틴, 데오필로스의 저서들로 구성되었다. 수학기간은 2~3년이었으며 수준에 따라 세 학급으로 나누었다. 즉, 초급반(Hearers)에서는 성경 낭독과 설교를 듣고, 핵심적인 기초교리와 신앙생활의 원리를 배운다. 중급반(Kneelers)은 초급반 수업을 마친 후 기도하기 위하여 남는다. 상급반(the Chosen)에서는 주로 교리, 예배의식, 금욕훈련으로 세례받기에 필요한 예비훈련을 받는다. 이들을 가르치는 교사들은 감독(장로)과 집사들이었으며 교육방법은 교리문답서를 중심한 문답식이었다.

둘째, 교리문답학교이다. 그 설립 원인은 기독교로 개종한 사람들 중에 이교교육을 받은 사람들의 난해한 질문, 이교 철학자들의 질문, 이교신도들의 공격에 대응할 수 있는 지성적 교육을 받은 성직자를 양성하기 위함이었다. 179년 스토익 철학자로서 개종한 판테누스(Pantaenus)가 알렉산드리아의 교리문답학교 교장이 된 것이 최초였다. 교육과정으로는 철학, 성경(해석), 헬라문화, 역사, 변증법, 과학을 포함하였다.

셋째, 감독학교(Episcopal school)이다. 기독교가 발전, 확장됨에 따라 감독학교가 창설되어 감독의 지도 아래에서 성직자 교육을 하게 되었다.

중세시대

헬라교육에서는 기초과정으로 문법, 체육, 음악이 있었고, 경우에 따라 미술을, 고급과정으로 논리학, 변증학, 기하학, 수사학, 산수, 천문학, 음악을 포함하였다. 로마교육은 헬라의 교양과정에 기초하여 교양과정을 구성하였다. 주전 1세기경 키케로(Cicero)와 배로(Varro)는 아홉 가지 영역 곧 논리학, 수학, 문법, 산수, 기하학, 음악, 천문학, 의학, 건축학을 선택하였다. 로마제국 말기에 카펠라(Martianus Capella)가 건축학과 의학을 제외하도록 하여 일곱 과목이 되었다. 이는 다시 3학(trivium, 문법, 수사학, 논리학)과 4과(quadrivium, 산수, 기하학, 천문학, 음악)로 나누었다. 3학 과목은 주로 문학과목이었으며 4과 과목은 수학과목이었다. 이 7과목은 이후 1000년간 중세 교육과정의 지침이 되었다.

중세시대에는 일반학교는 사라지고 교회학교만 남게 되었다. 그 원인은 칼타고 종교회의(401)에서 성직자들이 이교서적을 읽는 것을 금지시켜서 교회가 교육을 통제하게 되었기 때문이다. 이후 헬라문화는 르네상스까지 잊혀졌다. 통치자들이 학교의 설립을 원하였을 때 학교는 교회, 성당, 수도원에 설립되었으며, 학교의 운영기관은 대부분 교회였다.

종교개혁 및 이후 시대

종교개혁의 원인으로는 내적 원인과 외적 원인으로 나눌 수 있다. 첫째, 내적 요인으로는 ①진리를 찾는 데 연역적 방법만 사용하여 이성의 활동을 제한하고 의미없는 논쟁만 하였기 때문이다. ②진리의 이중적 표준 때문이었다. 계시와 이성 모두를 진리와 진리를 구별하는 근거로 삼았다. ③신비주의의 발전 때문이었다. 이러한 신비주의는 개인주의로 흘러 하나님과 인간 사이에 교회의 필요성을 느끼지 않았다. ④유명론 때문이었다. 이는 전통에 반대하고 실재적 경험을 중요시함으로써 교회의 권위를 근본적으로 공격하였다.

둘째, 외적 요인으로는 ①발견과 발명이다. 특히 화약의 생산은 봉건제도를 벗어나게 하였고, 제지공업과 인쇄술의 발명은 문학, 학문의 확산과 발전에 큰 공헌을 하였다. ②사회적 구조와 생활의 변화다. ③정치적 불안이다. 교회는 영적인 것을 외면하고 정치에 관심을 갖고, 오만한 통치를 하였다. ④경제적 불만이다. 부(富)의 대부분은 교회의 소유가 되었다. ⑤종교적 상황의 변동이다. 로마 가톨릭 교회의 통치에 반대하는 사람이 많아졌다.

종교개혁자 루터는 교육에 관한 소책자, 설교, 요리문답, 주석, 서신 등을 많이 저술하였다. 그는 "오직 믿음으로만 의롭게 된다"는 성경구절에 근거하여 개신교의 기본적인 교리인 궁극적인 권위는 성경이라는 것과 만인제사장설을 주장하였다. 특히 '만인제사장설'에 근거하여 교육의 개념을 변화시켰다. 곧 '사제들의, 사제들에 의한, 사제들을 위한' 교육에서 '모든 사람의 교육'으로 바꾸었다.

종교개혁(1517) 이후 200년 동안의 교회교육은 칼빈주의, 코메니우스에 의하여 실시되었다. 첫째, 칼빈주의의 교육적 이론과 실제를 규정하는 칼빈의 사상은 하나님의 절대주권, 예정, 하나님의 뜻에 순종해야 하는 인간의 책임, 그리스도를 통한 하나님의 은혜로 말미암는 구원, 인간의 전적 부패, 본성적 인간경향을 억압할 도덕적, 영적 생활의 필요성 등이다. 칼빈에게 있어서 교회 건물은 예배장소뿐 아니라, 교리문답을 가르치는 학교로 사용되었다.

칼빈주의자들은 1618~1619년에 도르트(Dordt)에서 개최된 개혁교회 종교회의에서 '보편적 교육제도'를 채용하였고 세 가지 유형의 교리문답서를 사용하였다. 부모들에 의하여 가정에서 사용되는 것, 교사들에 의하여 학교에서 사용되는 것, 목사, 장로, 교리문답 교사에 의하여 교회에서 사용되는 것이다.

코메니우스의 교육목적은 "인간의 자연적 성향을 단순히 개발시키는 것이 아니라, 인간이 구원에 이르게 하기 위하여 지적, 도덕적, 영적으로 훈련시키는 것이며, 올바른 습관을 형성시켜 참된 신자가 되게 함"이었다. 이러한 교육목적은 가르침과 배움에 의하여, 덕과 도덕에 의하여, 경건에 의하여 추구되었다. 그는 이러한 목적을 성취하기 위하여 네 가지 학교를 제시하였는데 첫째로 어머니 학교 또는 무릎학교(0~6세)이다. 자연사물에 대한 교과목들과 학생들에 관한 지식, 그들의 환경과 관련한 정보와 근본적인 도덕훈련, 주기도를 암송하는 교육을 포함하였다. 둘째, 자국어학교로서 고전어보다 모국어를 배웠다. 셋째, 라틴어학교로서 과학, 문학, 교양과목 그리고 고전언어(헬라, 히브리, 라틴어)를 강조하였고, 넷째, 대학 또는 여행학교로서 독창적 연구와 다양한 민족의 사상, 도덕에 대한 탐구를 하였다.

주일학교 시대

근대 주일학교운동은 영국 글로체스터에서 레익스(Robert Raikes, 1735~1811)가 학교를 시작한 1780년이 기원이다. 레익스의 주일학교(School of Sundays)가 가지고 있는 특징은 일반교육을 시행한 것, 대중의 지지를 받아 계속 성장한 것, 요리문답만 가르치지 않고 성경을 직접 연구한 것, 복음주의적 성격을 띤 것 등이었다. 그의 교육대상은 6~14세의 어린아이였으며, 교육시간은 일요일 10~12시에 학교에서 공부하고 집으로 갔다가 다시 1~5시까지 학과공부를 한 후에 교회로 가서 예배드렸다. 교육내용으로는 일기, 쓰기, 종교기초, 상식 등이었다.

이 주일학교는 미국으로 건너가 40년간 교회와는 독립된 조직으로 성장하였다. 그후 1817년에 필라델피아 주일 및 성인학교연합회가 결성되었고, 1824년에 주일 및 성인학교연합회 총회에서 미국 주일학교연합회(24개 주)의 명칭과 헌법이 채택되었다. 이러한 미국 주일학교연합회의 조직 목적은 첫째, 주일학교협회 사업을 전국 각지에 고루 파급하고 둘째, 주일의 종교 강연을 장려하며 셋째, 사람이 사는 곳 어디든 주일학교를 설립하고 도덕 및 종교서적을 보급하는 것이었다.

이러한 미국 주일학교의 특징은 첫째, 보편적인 기초교리만을 강조하여 신학적 논쟁에 참여하지 않았고 둘째, 헌법에 평신도만이 실행이사회의 이사가 될 수 있도록 규정하였으며, 셋째, 교육을 위한 최선의 방법과 성경공부의 조직적 과정에 관한 정보수집 및 보급에 주력한 것이다.

미국 주일학교는 주일학교운동 지도자들의 열심, 통찰력, 용기, 정치적 수완 등에 의하여 크게 발전하였다. 1824년에 발족한 주일학교연합회는 1825년 말에는 미국 24개 주 중에서 22개 주에 400개 지부가 설치되었다. 이 지부들은 각 교회에 주일학교 개선안, 지도자 선택과 훈련, 교회활동의 격려를 통하여 많은 도움을 주었다. 연합회 지도자들은 매년 주일학교의 문제점에 대한 고찰과 주교사업의 향상 및 확장방법을 토의하였고, 세계 주일학교에 대한 완전하고도 조직적인 조사에 관심을 두었다. 그리하여 미국 각 지부와 세계 여러 나라의 보고서를 받고, 보고서를 분석한 결과 무질서한 사회에서 젊은이를 구하는 길은 성경교육밖에 없다고 결론을 내리고 교회와 목사들의 협조와 도움을 구하였다.

그러나 미국 주일학교도 1916년 이후 쇠퇴하였다. 그 원인으로 첫째는, 신학노선이 자유화되어 예수 그리스도의 하나님 되심과 성경무오를 부인하고 성선설, 회개의 불필요성을 강조하며 교육을 통한 인격개발에 의존하였기 때문이다. 둘째는, 세속주의의 영향으로 성경말씀 대신 인간의 이성을 강조함으로 복음을 떠났기 때문이다. 셋째는, 교회만능주의 곧 주일학교교육이 교회라는 통제기관에 의하여 방해받음으로 활력을 상실하였기 때문이다.

미국에서 주일학교가 활력을 가지고 부흥하고 있을 때 한국에 주일학교가 소개되었고, 미국 주일학교 지도자들이 한국을 방문하여 새로운 불길을 붙여주었으며, 인적·물적 도움을 통하여 개척 초기 한국교회에 큰 힘이 되었다.

제2장
한국교회 교육의 시대구분

이같이 율법이 우리를
그리스도에게로 인도하는 몽학선생이 되어
우리로 하여금 믿음으로 말미암아 의롭다 함을
얻게 하려 함이니라(갈 3:24)

한국교회 교육의 시대구분

한국교회 교육의 효시를 언제부터로 할 것인가? 하고 물을 때 그 대답은 교회교육의 형태와 형식의 근거를 어디에 두느냐에 따라 달라질 것이다. 이 장에서는 한국에서 교회교육이라는 명칭이 언제부터 사용되었는가를 통하여 그 효시를 찾아보고자 한다. 그리고 한국 초대교회에서의 교육내용은 어떤 것이었는가를 살펴봄으로써 교회교육과 교회성장과의 관계를 찾아보고자 한다. 한국교회에서 교회교육이라는 명칭을 사용한 기원에 대한 대답은 「조선예수교장로회 사기」에서 찾아볼 수 있다.

    敎 育

교회의 발전을 따라 교육의 기관이 점흥(漸興)하니 당시 창설의 제도는 족히 可觀할 것이 없으나 小를 積하야 大를 成하는 兆朕은 此에 始하니라. 1887년 (丁亥)에 京城 新門內에 선교사회의 경영으로 救世學堂을 설립하고 宋淳明, 安昌錫, 金裕淳 등 약간 學徒를 모집하고 尹致景, 睦源弘이 교수하였으니 是乃「敎會敎育」의 創始니라.[1]

위의 글에서 볼 수 있는 것과 같이 한국교회에서 '교회교육' 이라는 명칭이 사용된 것은 1887년이 처음인데, 이 시기는 서양 선교사들에 의한 한국선교의 초창기이다. 그러므로 한국교회는 초창기부터 교회교육을 시행하였음을 알 수 있다. 교회교육의 시초는 약간 명의 학생과 소수의 교수진으로 시작하여 그 출발은 극히 미약하였다. 그러나 현재는 1,100만의 성도와 5만 교회에 이르는 '선교역사의 기적'이 우리나라에서 이루어진 것이다. 이렇게 120년 정도의 비교적 짧은 기간에 교회와 교회교육이 양과 질이라는 양 측면에서 모두 크게 발전하였다. 한국교회의 교육에 관하여 좀더 자세히 논의하기 위해서는 그 특징에 따라 여러 시기로 구분할 필요가 있다. 그리고 이러한 시기구분은 그 기준에 따라 조금씩 달라질 것이다. 따라서 한국교회 교육 120년의 역사를 시기적으로 구분함에 있어서 무엇이 기준이 되어야 하느냐 하는 관점이 중요하다. 즉, 교회교육은 보는 관점에 따라 그 시대구분이 달라질 수 있다. 여기에서는 이미 발표된 몇 가지의 연구사례들을 먼저 살펴보고자 한다.

1. 엄요섭의 시대구분

먼저, 엄요섭의 시대구분[2]은 주일학교연합회의 결성을 중심으로 하고 있다. 즉, 그는 한국교회의 시초를 선교연합공의회(Federal Council of Missions)[3] 내에 주일학교위원회가 조직된 해인 1905년으로 잡고 있다. 이

---

1) 「조선예수교장로회 사기」 上, p. 80.
2) 엄요섭, 「韓國基督敎 敎育史 小考」(서울 : 韓國 基督敎敎育協會, 1959), pp. 7-30.
3) 윤춘병, 「한국감리교회 주일학교사화」(서울 : 基督敎大韓 監理會 敎育局, 1992), pp. 14-15, 각주 2)에서는 민경배 교수의 「대한예수교장로회 백년사」 290면을 인용하면서 <연합공의회>

때부터 조선주일학교연합회가 결성되던 1922년까지를 구왕국시대 (1905~1922년)로 구분하는데 이 시기는 교회교육의 기초를 다진 때이다. 제2기는 조선주일학교연합회가 존재하던 기간으로 1922년부터 1937년까지이다. 이 시기는 연합회의 적극적인 활동으로 말미암아 주일학교는 크게 부흥을 하게 되었는데, 이러한 부흥과 발전에는 당시의 시대적, 사회적, 정치적인 상황도 크게 영향을 미쳤다고 볼 수 있다. 마지막 제3기는 민족해방의 시대로 우리나라가 일본제국의 식민지에서 벗어난 해방 후부터 현재까지의 기간(1945년~현재)이다. 이 시기에는 세계주일학교연합회 (The World Sunday School Association)가 1947년 영국의 버밍엄 총회에서 세계기독교교육협회(The World Council of Christian Education)로 명칭을 바꿈에 따라, 1922년 이래 명맥을 유지해 오던 조선주일학교연합회도 대한기독교교육협회로 그 명칭을 바꾸고, 교회교육도 새로운 방향을 찾기 시작한 시기라고 볼 수 있다.

2. 김득룡의 시대구분

두 번째로, 김득룡의 시대구분[4]에 대하여 살펴보도록 하자. 그는 총회의 교육정책을 중심으로 시대구분을 하고 있다. 김득룡은 한국교회 교육의 시초를 이화학당의 주일학교에 둔다. 여선교사들이 1888년 10월 15일 서울 정동에 있는 이화학당에서 12명의 어린이를 모아서 성경을 가르치기 시작하였는데, 이것이 우리나라 최초의 주일학교이면서 교회교육의 시

의 명칭은 민경배 교수가 말하는 Federal Council of Protestant Mission in Korea가 아니라 The General Council of Protestant Evangelical Mission in Korea가 정확하다고 진술하고 있다.
4) 김득룡, '한국주일학교사 연구', 주일학교연합회, 「주일학교 30년사」, pp. 40-61.

작이라고 말한다. 그리고 조선예수교장로회총회가 창립된 1912년 이전까지를 한국교회 교육의 제1기, 곧 발아기라고 말한다. 한국교회는 교회설립 초기부터 교육을 실시하였다. 그것은 서명원의 글에서도 찾아볼 수 있다. '우리가 기뻐해야 할 이유는 세례교인과 초신자들이 모두 열렬한 복음전도 활동을 행하였기 때문이다. 그 사람들(한국인 교인)은 전도활동을 하고 우리는 그들의 뒷받침을 해주어야 했다. 이처럼 저들은 전도하는 일에 선교사보다 앞장섰는데, 선교사들은 초인적인 노력으로 세례 지원자들과 초신자들을 가르치고 시험을 치르며, 신앙이 약한 자들을 교육시킴으로써 후원의 책임을 충분히 감당하였다.'[5] 이러한 글에서 볼 때, 한국교회 교육은 발아기에서부터 아주 적극적이고 긍정적인 자세로 출발하고 있음을 알 수 있다.

당시의 주일학교는 장년교육 중심이었다. 성도들의 전도로 말미암아 교회로 몰려든 어른들의 수가 급격히 증가하였기 때문이다. 교회가 성장하면서 어른들을 대상으로 하는 장년교육은 두 가지 형태로 발전하였다. 첫째는 성경연구반이다. 이것은 1890년 언더우드가 서울에서 7명으로 시작하여 1918년에는 7만 6천 명이 참석할 정도로 크게 성장했다. 그는 "인간적으로 말하자면, 한국교회의 성장에 가장 중요한 비결은 성경연구반에 있다"고 고백했다. 둘째는 성경학원이다. 이것은 평양에서는 1907년에, 서울에서는 1910년에 시작하였는데 겨울에 1개월간 교회 성도들을 모아 지도자 훈련을 하는 기관이었다.

1905년에는 선교연합공의회(The Federal Council of Protestant Evangelical Missions)가 설립되면서 그 안에 주일학교위원회가 구성된 것이 첫 주일학교 연합기구이다. 이 연합기구의 목적은 주일학교 교육에 관

---

5) 서명원, 「韓國敎會 成長史」(서울 : 大韓基督敎書會, 1994), 이승익 역 54면.

심을 가진 선교사 간의 친목과 그들이 필요로 하는 통일공과 편찬이었다. 여기서 만들어진 교재가 「주일학교 공부」이며 이 주일학교위원회가 1922년 조선주일학교연합회로 발전하였다.

제2기는 발전기로 조선예수교장로회총회가 창립된 1912년부터 굴욕적인 신사참배를 결의한 제29회 총회가 회집된 1938년까지의 기간이다. 조선예수교장로회총회는 창립 때부터 주일학교의 중요성을 인식하였을 뿐 아니라 주일학교 교육을 강조하기 위하여 주일학교부를 총회 산하 상비부의 하나로 조직하였다.[6] 한국교회가 교회교육의 중요성을 얼마나 인식하고 또한 얼마나 강조하였는가 하는 것은 총회의 결의에서도 볼 수 있다. 그 증거로 첫째, 총회는 주일학교 교사를 양성하는 일을 장려하였을 뿐 아니라 제도도 개선하였다. 황해노회와 같은 곳에서는 주일학교 교사 강습소를 두 곳에 개설하고, 각 교회 주일학교 교사를 소집하여 양성케 하였다. 둘째, 주일학교 대회를 개최하고 외국의 유명한 강사를 초청하여 특강을 함으로써 각 지교회의 주일학교 교육을 활성화시켰다. 셋째, 평양신학교로 하여금 주일학교 사범과를 개설하게 하여 교사들의 질적인 향상을 도모하였다. 이곳에서 교육을 받은 교사들은 나름대로 교회교육을 통하여 성도들을 변화시키고 교회를 부흥시켜 한국을 낙원으로 만들려는 포부를 가지고 있었다. 이러한 포부를 갖게 된 동기에 대하여 김득룡은 다음과 같은 세 가지 요인을 제시한다.

1) 3·1운동 뒤에 일어난 교육에 대한 주일학교 지도자들의 적극적인 소망 때문이었다. 그것은 정치운동으로서의 3·1운동은 실패했지만 교육운동으로 민족을 깨우치자는 소망이었다. 주일학교 지도자들은 주일학교 교육으로 이 과업을 충분히 수행할 수 있으리라고 확신하였다. 1933년 제4

---

6) 「조선예수교장로회 사기 下」, pp. 18, 25, 30, 김득룡, 전게서 p. 45에서 재인용.

회 전선(全鮮) 주일학교 대회 개최 시에 행한 강연에서 정인과 총무가 한 말을 보면 그와 같은 심정을 엿볼 수 있다. 그는 '예수를 배우자'는 대회 주제를 설명하면서 예수를 배워야 하는 이유는 첫째, 그의 교훈이야말로 완전무결한 것이요, 둘째, 모든 불공평과 번민과 죄가 제거된 기쁨과 행복의 천국건설이란 그를 배움으로 가능한 것이요, 셋째, 예수님의 인격이야말로 완전무결한 것이기에 '이 백성의 복된 내일을 위해서' 예수를 배워야 한다고 했다.

2) 한국교회의 성장도를 보았을 때 능히 이것이 가능하다고 확신하였기 때문이다. 한일 합방 후 한국교회의 성장도가 다소 무디어진 듯했으나 3·1운동 뒤 교회가 국민의 신망을 받으면서 다시 상승세로 돌아섰다. 이러한 교세를 볼 때, 교인들을 바로 교육하기만 한다면 한국을 기독교화하고 하나님의 뜻이 지배하는 곳으로 만들기는 힘들지 않으리라고 주일학교 지도자들은 생각했던 것이다.

3) 당시 한국에 빈번히 내왕하면서 한국 주일학교 운동에 자극을 준 세계 주일학교 운동 지도자들의 꿈 때문이다. 곧 세계 주일학교 지도자들은 주일학교 운동을 통해서 한국을 기독교화하자는 것이었다.[7]

제3기는 침체기(1938~1950)로 총회가 평양 서문밖교회에서 신사참배를 결의한 1938년(제29회 총회)부터 해방을 거쳐 6·25동란 때까지의 기간이 이에 속한다. 1938년은 또한 전국 주일학교 사무실이 폐쇄된 해이기도 하다. 제3기에 주일학교 교육이 마비된 원인을 김득룡은 다음과 같이 진술한다.[8]

①주일학교 교육을 맡아 일하던 지도자들의 활동을 항일투쟁으로 여겨 제재함으로써 제한받게 되었고 ②전쟁으로 말미암아 물자가 귀하게 되어

---

7) 김득룡, 전게서, pp. 46-47.
8) 상게서, p. 54.

주교교육을 위한 공과를 많이 인쇄하지 않아서 주일학교 교재를 구할 수가 없게 되었으며 ③주교교사들을 강제로 징병해 감으로 가르칠 교사가 없었을 뿐 아니라 ④일부 지역에서는 한 면(面)당 한 교회로 강제 병합시킴으로써 주일학교 교육이 제대로 시행되지 못했다.

그리고 마지막 제4기는 재부흥기(재건기)로 6·25동란 이후부터 현재까지인데 이 기간은 다시 복구기, 반성기 그리고 정돈기로 구분하고 있다.

복구기(1952~1960)에 속하는 1954년에 전국주일학교연합회가 다시 조직되었고, 세계기독교교육협회의 협조로 이전의 공과를 인쇄하여 판매하였으며, 1954년에는 부별 계단공과를 출판하기로 결정하고 1960년에 완성되었다.

반성기(1960~1968)에는 교회교육에 대한 재반성을 하게 되었는데 그 이유로는 ①일반학교교육에 비하여 교회교육이 너무나 불충분한 교육임이 드러났고 ②세속문명의 발달과 텔레비전 문화의 보편화로 주일학교교육이 흥미를 잃었으며, ③물질문명의 발달에도 불구하고 교회의 완고한 태도에 청년들이 반발하여 교회를 떠남으로 교사의 확보가 어려웠다. ④도시는 거주지의 확산, 농촌은 청년의 도시 이주로 교회교육에 지장을 주었고 ⑤현실을 감안한 새로운 교육신학, 철학, 교육과정, 교재도 없었으며 ⑥교회 자체가 교회교육의 위기에 대한 바른 이해가 없었다. 이러한 사태에 대처하기 위하여 새로운 기독교교육운동이 시작되어 1962년에는 한신대에 기독교교육문제 연구소가, 1964년에는 총신대에 한국기독교 교육연구회가, 그리고 1968년에는 감리교 신학대학에 기독교 교육연구소가 설립되었다.

정돈기인 1968년 이후에는 전국기독교 교육대회의 개최를 비롯하여 주일학교 교재를 출판하였고 계단공과의 출판 등 여러 가지 변화가 있었으나 교회교육은 여전히 타성에 젖은 행사처럼 되었다. 그 이유로는 ①해방 후 교회에는 3·1운동 이후에 구국과 같은 확고한 선교방향이 정립되어 있지 않았으며 ②1920~1930년대처럼 주일학교교육에 대한 거교회적인 기대가 없었다. 도리어 외적인 치장 곧 예배당 건립과 장식 등에 더 관심을 가졌으며 ③이 시기의 기독교 교육학자들도 교회가 해야 할 확실한 교육방안을 제시하지 못했고 ④각 교단의 교육 지도자들은 교단의 교육활동의 발전에만 관심을 두었지, 거국적인 교육문제 해결을 위한 단결은 부족하였으며 ⑤교단교육의 핵심인 총회교육부가 비전문인으로 채워졌기 때문이다.

3. 문동환의 시대구분

셋째로, 문동환의 시대구분[9]은 정치적인 사건을 근거로 하고 있다. 그는 제1기를 진통기(1884~1919)라 하였다. 이 시기는 복음이 이 땅에 전해진 때부터 3·1운동이 일어나던 해까지를 말한다. 이때는 교회가 국가의 회복에 관심을 갖고 있었던 때이기도 하다.

제2기는 문화운동기(1920~1945)로 3·1운동 이후부터 해방될 때까지의 시기이다. 이 시기는 국가회복운동에 실패한 지도자들이 그들의 관심을 독립 운동에서 국민들의 의식을 깨우치는 문화운동으로 관심을 돌린 시기이기도 하다. 그 여파로 주일학교 운동도 매우 부흥하고 확대되었다.

제3기는 민족해방기 또는 재건기로 해방 이후부터 현재까지의 기간이다. 이 기간은 독자적인 교회교육을 창조하려고 노력한 때이기도 하다.

---

9) 문동환, '한국의 교회교육사', 「韓國 基督敎 敎育史」(서울: 대한기독교 교육협회, 1973), pp. 31-62.

4. 시대구분의 결론

위에서 살펴본 세 가지의 시대구분은 그 나름대로 분명한 기준과 타당성을 가지고 있다. 그러나 전체적인 관점에서 이 구분들을 재조명해 볼 때, 주일학교연합회의 성립 및 폐쇄 그리고 재조직은 그 자체의 어떠한 변화에만 의존하는 것이 아니라 한국교회 특히 선교부와 총회의 변화와 관계가 있다. 또한 선교부와 총회의 변화는 한국교회 자체의 발전이나 변화에만 근거하는 것이 아니라 당시의 시대적, 정치적, 그리고 국가적인 사건들과 무관하지 않음을 볼 수 있다. 곧 이 세 가지의 시기적 분류의 근거는 나름대로 상호연관성을 가지고 있음을 알 수 있다.

그리하여 이 책에서는 국가의 큰 사건들인 3·1운동과 해방을 중심으로 하여 한국교회 교육을 초기, 중기, 후기로 나누어 살펴봄으로써 한국교회 교육의 교육적 특징과 변천, 그리고 경향과 흐름을 파악하고자 한다. 특히 제2장에서 제6장까지는 초기 한국교회 교육에 관하여 서술하였고, 제7장에서 제9장까지는 중기 곧 일제하의 한국교회 교육에 관하여 논의하였으며, 제10장에서는 해방 이후의 한국교회 교육을 간략히 서술한 후에 마지막 제11장에서는 해방 이후의 예장합동 교단의 교회교육에 대하여 비교적 상세히 살펴보았다. 여기에서 먼저 해방 이후의 예장합동 교단의 교회교육을 시기적으로 다시 세분하였다. 그리고 예장합동 교단의 교회교육 제도를 논의하면서 교단의 교육이념과 목적, 그리고 목표에 대하여, 공과교재 개발의 역사에 대하여, 교단 교육부와 교육국의 조직, 역할, 업적에 대하여, 시대적 요청인 교육(목)사의 양성과 수용에 대하여, 그리고 마지막으로는 교단 신학교의 기독교교육 역사에 대하여 설명하였다.

이러한 과거 교회교육의 내용, 방법 그리고 형태를 살펴봄으로써 앞으로 한국교회 교육이 나아가야 할 길을 모색하고 미래의 한국교회 교육의 방향, 신학적 기초, 교육적 내용과 방법에 대한 지혜를 얻고자 시도하였다.

한국교회
교육사

제3장
선교정책과 교회교육

믿음이 없이는 기쁘시게 못하나니
하나님께 나아가는 자는 반드시 그가 계신 것과
또한 그가 자기를 찾는 자들에게
상 주시는 이심을 믿어야 할지니라(히 11:6)

제3장

선교정책과 교회교육

이제 3장에서 6장까지는 한국교회 교육사의 초기를 다루고자 한다. 우리나라에 기독교 복음이 전해진 첫 35년, 즉 1885년에서 1919년까지의 기간은 사회적으로나 국가적으로 매우 어려운 고난의 시기였다. 이 시기가 '진통기'였음에도 불구하고 피셔(J. E. Fisher)[10]에 따르면 이 시기는 한국교회에 있어서 '발전기'였다. 선교 초기 35년 어간에 설립된 교회가 1,181개소, 세례교인이 50,753명, 전체 교인이 101,501명, 평균 출석수가 79,833명이었다.[11] 이 기간이 교회사적으로 볼 때는 놀라운 부흥의 기간이었으나 사회와 국가적으로 볼 때는 혼란의 시기였으며, 이러한 혼란으로 말미암은 긴장은 3·1운동이 일어나기까지 계속적으로 고조되어 갔다. 이 기간에 일어난 국내외적인 큰 사건들을 통하여 당시 상황이 얼마나 긴박하

---

10) James E. Fisher, *Democracy and Mission Education in Korea*, (NY : Columbia University Press, 1928), reprinted by Yonsei University Press, 1970, pp. 5-6.
11) Harry A. Rhodes, *History of the Korea Mission, Presbyterian Church U. S. A. 1884~1934* (Seoul, Chosen Mission Presbyterian Church U. S. A., 1934), Chap. XVII. Statistical Tables and Charts Table II. Church Statistics, pp. 546-547.

였는가를 알 수 있다. 이 기간에 일어난 큰 사건 중에는 1876년의 한일 수호조약, 1882년의 제물포 조약, 1884년의 갑신정변, 1894년의 동학란과 청일병의 진주, 1895년의 청일전쟁, 1905년의 노일전쟁, 1910년의 한일합방, 1911년의 105인 사건, 그리고 1919년의 3·1운동 등이 있다. 그러나 이러한 격랑의 와중에서도 외국의 선교사들은 그들에게 주어진 선교의 사명을 완수하기 위하여 여러 가지 방법을[12] 사용하였다.

첫째는 교육을 강조하는 일이었다. 선교사들이 한국에서 처음 시작한 일은 순수 복음 전파가 아니었다. 그들은 한국사회가 요구하는 교육과 의료를 매개로 하여 복음을 전파하기 시작하였다. 왜 교육을 실시하였을까? 선교사들은 한국 백성들의 무지를 계몽하여 새로운 세계를 밝혀주는 것이 선교의 첩경이라고 생각하였다. 실제로 이것은 선교 초기에 한국 정부의 포교금압(布敎禁壓) 정책을 무마하는 데 효과를 발휘하였다. 이에 대하여 이능화(李能和)는 당시의 한국사회는 무교육 상태와 다름이 없었다고 하였다.[13] "向來 朝鮮社會는 在於無敎育狀態하니 美國敎會가 乘此時機하여 設立學校하야… 敎授新學하니……." 당시의「그리스도 신문」도 '그리스도인의 직책' 이라는 논설에서 "대한이 오늘날 형편에 처하여 위급한 사정을 생각할진대, 백성 교육하기가 시작이 급한지라……"고 하였다. 그리고 감리교계의「조선 그리스도인 회보」도 '교자론(敎子論)' 이라는 논설에서 "대개 사람의 집이 흥망과 성쇠가 전혀 자손을 교육하는 데 있으니"라고 말함으로써 교육의 중요성을 말하였다. 당시의 관심은 개화에 있었는데 개화는 교육과 관계됨을 보여주었고, 이를 통하여 국력이 부강해질 수 있다고 생각하였다. 교육의 필요성에 따라 선교사들은 각 지역에 기독

---

12) 문동환, 상게서, pp. 34-35.
13) 李能和,「朝鮮基督敎 乃 外交史」下, p. 201, 李萬烈,「韓國基督敎文化運動史」(서울 : 大韓基督敎出版社, 1987), p. 48에서 재인용.

교계 학교를 세웠다. 서울에는 배재(培材), 이화(梨花), 경신(儆信), 정신(貞信), 배화(培花) 등이, 평양에는 숭실(崇實), 숭의(崇義), 송도에는 한영서원(韓英書院), 호수돈 여학교(好壽敦 女學校) 등이 세워졌다.[14)

언더우드는 이에 대하여 다음과 같이 진술하고 있다. 언더우드에 따르면 "초기 선교사들이 제일 먼저 해야만 했던 일은 인재를 양성하는 일이 될 수밖에 없었다."[15)고 말했다. 이러한 진술에 대하여 우리는 몇 가지 질문을 할 수 있다. 초기 한국교회의 선교사들은 왜 그렇게 교육을 강조하였을까? 그리고 선교사들이 복음전파가 아니라 왜 인재의 양성에 관심을 두었을까? 언더우드는 이러한 질문에 대한 대답으로 다음의 세 가지[16)를 제시한다. 그 하나는, 교육은 당시 한국 백성들의 편견을 극복하는 수단이었으며 또한 그들을 기독교라는 종교로 이끌어내기 위한 수단이었던 것이다. 한국 사람들이 글과 책에 관심이 많았으므로 선교사들이 세속적인 신교육을 시행함으로써 학문에 관심이 많은 한국 사람들을 학교로 이끌어내었고, 학교라는 새로운 장(場)에서 선교사들은 사람들을 접촉할 수 있는 기회를 얻을 수 있었던 것이다. 이러한 연유로 초기 선교시대의 교육은 종종 무상으로 시행되었을 뿐 아니라 기숙사비와 다른 여러 부문에서도 특혜를 베풀기도 하였다. 다른 하나는, 이미 기독교를 받아들인 사람들을 교육을 통해 재훈련하기 위함이었다. 이는 교육이 교회사역자들의 교육에 한정될 수도 있고, 또는 다른 여러 부문에서 일할 그리스도인 사역자들의 교육으로 확대될 수도 있었음을 의미한다. 이러한 이유가 한국에서 일하였던 선교사들이 추구한 교육의 실제적인 목표였던 것이다.

---

14) 李萬烈, 상게서, pp. 48-50.
15) Horace Horton Underwood, *Modern Education in Korea*(NY : International Press, 1926) reprinted by 韓國 基督敎史 硏究會, p. 80.
16) Ibid., pp. 159-160.

마지막으로, 교육사역에 중점을 두었던 이유는 애비슨 박사(Dr. Avison)가 말한 대로 성숙한 기독교가 맺어야 하는 열매인 사회 봉사기관을 설립하기 위한 것이었다. 좀 다른 측면에서 본다면 이것은 바로 이타주의적 특성을 지닌 기독교의 실천적인 기능이라고 할 수 있다.

둘째로는, 신문 발간을 통하여 서구문명을 소개함으로써 기독교 신앙을 자연스럽게 받아들일 수 있게 하였다. 그 예로 아펜젤러는 「조선 그리스도인 회보」(1897년 이후에는 「한국 그리스도 회보」로 개명)를, 언더우드는 「그리스도 신문」(후에 「예수교 신보」, 「기독신보」로 개명)을 발간하였다. 이러한 신문들의 발간 목적은 「조선 그리스도인 회보」의 창간사에 기록되어 있는 대로 단순히 '세계상의 유익한 소문과 각국의 재미있는 사적을 통달하기 위함이 아니라 기독교를 전파하려는 것'이었다. 즉 피셔는 이렇게 서구교육의 영향을 받은 사람들을 많이 양성함으로써 기독교야말로 인간생활에 있어 가장 진실하고도 완전한 지침임을 알게 하여 기독교 신앙을 받아들이게 하는 데 목적을 두었던 것이다.[17]

셋째로는, 성경을 널리 유포시키고 애독하도록 장려하는 정책이었다. 특히 대부분의 사람들이 쉽게 접할 수 있도록 성경은 이미 '한글'로 번역되어 있었으므로 성경을 쉽게 반포할 수 있었다. 이러한 성경의 애독을 통하여 기독교를 쉽게 전할 수 있었다. 이와 더불어 선교사들은 모든 기존 신자들로 하여금 전도인의 사명을 감당하도록 무장시키는 데 힘을 기울였다.

백낙준[18]에 의하면 당시의 선교성향을 보면 장로교는 보수적이면서 신중성을 띠었고, 감리교는 공세적이었다. 그러나 개신교의 선교는 소위 네

---

17) 李萬烈, 상게서, p. 251.
18) 白樂濬, 韓國改新敎史 1832-1910(서울 : 延世大學校出版部, 1973), pp. 168-169.

비우스 방법을 채택함으로 성공하게 되었다. 네비우스 방법은 다음과 같이 요약할 수 있다.

첫째, 각 사람으로 하여금 그 본래의 직장이나 업종에 남아 있어 자급자립하면서 그리스도를 위한 한 몫의 일꾼이 되게 하며, 그 인근친척 중에서 그리스도인다운 생활을 실천하도록 가르친다.

둘째, 本土 교회의 운영과 기구 조직은 그 교회가 가지고 있는 그 자체의 능력 범위 안에서 발전시킨다.

셋째, 교회 자체가 인물과 재정을 공급할 수 있을 때에만 전도 사업에 유자격자를 擇立한다.

넷째, 본토인으로 하여금 자력으로 교회 건물을 짓게 하되, 건축 양식은 본토식으로 하고 그 규모는 교회가 유지할 수 있을 정도로 한다.

네비우스 방법 이외의 정책으로는 순회전도, 기독교문서의 배포, 노방설교, 병원과 학교에서의 영어교수를 통한 선교정책이 채택되었다. 순회전도 사역으로는 1887년 가을에 언더우드가 송도, 소래, 평양, 의주로 첫 순회전도를 가서 소래에서 7명을 포함하여 20여 명에게 세례를 베풀었고, 1888년 봄에는 언더우드와 아펜젤러가 같은 장소로 함께 갔다. 1889년 3월에는 언더우드와 의사 홀톤 양이 결혼하여 신혼여행을 평양과 강개로 가서 압록강을 따라 의주를 거쳐 돌아왔는데, 두 달이 걸려 1,600킬로미터를 여행하였다. 그 길에 600명의 환자를 치료하였고 의주에서는 100명의 세례 지원자 중 33명에게 세례를 베풀었다.

이러한 선교정책은 큰 효과를 보게 되었고 한국교회는 급속히 성장하게 되었다. 특히 선교정책의 일환이었던 교회교육을 통하여 한국교회는 놀라운 성장을 이룩하였다. 선교정책으로써 어떠한 교육을 시행하였는지 좀더 구체적으로 살펴보면, 선교부의 일곱 가지 중요한 정책 중에서 교회

교육에 관한 것으로는 다음의 몇 가지를 제시할 수 있다.[19)]

첫째는 제자화 및 교회 설립이다. 이것은 선교사역 프로그램의 가장 본질적인 것일 뿐만 아니라 주님의 대위임령에도 부합하는 사역이다. 한국 가정에는 사랑방이 있어서 거기에서 선교사들이 많은 사람들을 만나 복음을 전하였다. 그리고 대부분 5일마다 장이 서는 5일장이 가까이 서기 때문에 전도지를 나눠주고 전도할 수 있는 기회를 가질 수 있었다. 전도는 대형집회보다는 주로 일대일 전도 방법을 사용했다. 한 사람이나 한 가정을 중심으로 교회를 세웠다. 신앙과 성경 지식의 성숙에 따라 6개월 이상이 되면 학습문답을 하게 된다. 1893년에는 학습문답이 평양에서 공식적으로 인정되었다. 그리고 세례를 받을 때는 더 엄격한 훈련이 요구되었는데[20)] 당시 학습교인들이 세례를 받을 때 외우던 한국교회의 규칙은 매우 엄격하였다.[21)]

---

19) Harry A. Rhodes, op. cit., Chap. VII. "A Seven-fold Working Program", pp. 246-279. 로즈는 7장에서 일곱 가지 사역 프로그램을 소개하고 있는데 그 내용으로는 ①Making Disciples and Founding Churches ②Bible Teaching and Prayer ③The Training of Church Leaders ④Work among Women and Girls ⑤Schools for Christian Youth ⑥The Ministry of Healing ⑦The Production of Literature 등이다.

20) Ibid., pp. 248-250

21) 白樂濬, 「韓國改新敎史 1832-1910」 (서울: 연세대학교 출판부, 1973), p. 236.
   1. 至尊者 하나님은 神靈들을 영화롭게 하고 또 敬拜함을 미워하시므로 祖上의 魂靈에 敬拜드리는 습관을 따르지 말고 오직 하나님 한 분만을 경배하고 그를 따르라.
   2. 主日은 安息의 날이요, 하나님께서 指定한 聖日이니 이 날에 사람이나 家畜을 莫論하고 일하지 말되 日用品의 購入도 하지 말고 絶對的으로 必要한 일 밖에는 아무 일도 하지 아니하여야 한다. 엿새 동안에 부지런히 일하고 主日만은 嚴重하게 지켜야 한다.
   3. 父母를 孝道로 받들라 하심은 하나님의 명령이니 父母 生存時에 至誠으로 孝道하고 全力을 다하여 父母에게 孝道하되 하나님의 命令으로 알고 行하여야 한다.
   4. 하나님께서 한 男子에게 한 女子를 定하여 주셨으니 彼此에 버리지 못할 것이며, 女子는 아내만 되고 妾이 되지 아니할 것이요, 男子는 한 아내의 男便만 되고 蓄妾破倫者가 되어서는 아니 된다.
   5. 거룩한 道를 信奉함은 第一次的 任務이니 信者마다 食口들을 시켜서 讚頌과 祈禱를

둘째는, 성경공부와 기도이다. 이 두 가지는 한국교회의 독특한 특성들이다. 그리고 선교부의 사역은 이 두 가지에 중점을 두었다. 한국교인들이 기도에 열심을 품은 것에 대한 설명[22]과 마찬가지로 성경공부가 한국교인들에게 쉽게 수용될 수 있었던 이유 중의 하나는 한국 사람들은 조상 대대로 학자와 글을 숭상하는 전통이 있었기 때문이라고 할 수 있다. 다른 이유로는 성경은 한국 사람들이 관심을 갖고 있던 것들에 대하여 새로운 지식을 많이 제공하기 때문이었다. 다른 책을 갖고 있지 못할 때에 성경공회가 싼 값으로 쪽 성경을 공급한 것도 큰 힘이 되었다. 그리고 성경연구반[23]이 있어서 4일에서 10일간 연속적으로 성경을 공부하였으며, 이때는 자기의 모든 일을 제쳐두고 성경공부와 기도 그리고 전도에만 전념하였다. 도시에서는 때때로 저녁에만 모이기도 하였다. 첫 번째 성경연

하게 하며 또한 一心하여 主를 依支하고 順從하게 하여야 한다.
6. 하나님께서 우리에게 일하라 命하셨으니 누구든지 일하지 아니하면서 먹고 입어서는 아니 된다. 게으르지 말고, 거짓말 하지 말고, 탐내지 말고, 도둑질하지 말고, 힘을 다하여 올바르게 살고, 힘써 일하여 너와 네 食口를 살려야 한다.
7. 聖經은 飮酒와 賭博을 禁하고 있을 뿐만 아니라 말다툼과 싸움과 殺人과 傷害의 張本이 되니 그러한 行動은 絶禁한다. 또한 술과 阿片은 만들거나 먹거나 팔지도 말고, 집에 賭博場을 벌리지 말고, 남의 行爲를 墮落시키지 말아야 한다. (R. E. Speer, Report on the Mission in Korea of the Presbyterian Board of Foreign Missions, 1897, p. 16에서 재인용)

22) Harry A. Rhodes는 상계서 251면에서 한국성도들이 기도에 쉽게 적응하고 빨리 열심을 낼 수 있었던 이유로서 (1) 한국 성도들은 기독교 신앙을 갖기 전에 불교도로서, 조상숭배자로서, 신에게 기도하는 자로서 기도에 관한 자세와 이해가 어느 정도 되어 있었다. (2) 한국의 언어가 풍부한 존칭어를 가지고 있어서 그 자체 그대로를 기도어(語)로 사용할 수 있었다는 것을 제시한다. 물론 이러한 이유도 어느 정도의 설득력이 있기는 하나 한국성도들의 기도에 대한 열정과 헌신의 이유를 정확하게 설명하는 것처럼 보이지는 않는다.
23) 이것의 영어 명칭은 Bible Class인데 김득룡 교수는 이를 사경회라 부른다. Missionary Review에 Sakyung Hoi라는 용어가 나오는 것을 보면 다른 것이라고 간주할 수도 있고, 그 내용상으로는 한국교회가 지금도 시행하고 있는 사경회와 성격이 유사하므로 사경회라는 이름도 무리는 아니라고 생각된다.

구반은 1890년 서울에서 모였으며 북쪽지역에서 두 명, 소래에서 두 명, 그리고 서울에서 세 명 모두 일곱 명이 참석하였다. 마펫 박사는 "첫 번째 성경연구반은 언더우드 박사 집의 남서쪽 방에서 열렸던 것으로 기억한다. 기포드(Mr. Gifford) 씨가 가르치는 책임을 맡았는데 2주간의 공부 후에 그들은 다시 그들의 사역지로 갔다"[24]고 하였다. 1909년에는 세 지역 선교부에서 600여 개의 성경연구반이 모였고 41,000명이 회집하는 성황을 이루었다. 그리고 서울에서 1910년 열린 한 모임에는 성경공부만을 위하여 동해의 강릉에서부터 320km를 14명이 걸어왔고 모든 경비를 자신들이 지불하였다.[25] 곽 목사(Rev. C. A. Clark)는 "인간적으로 말하자면 모든 선교사들이 한국교회의 놀라운 성장의 최고 비밀은 성경연구반 제도라고 생각한다."[26]고 하였다.

세 번째로는 교회지도자 교육이었다. 대부분의 사람들이 한국에서의 선교사역의 성공비결은 교회지도자 교육에 있었다고 말한다. '훌륭한 지도자를 보내라. 그러면 한국에서는 어느 곳에서나 교회를 개척할 수 있다'고 할 정도로 선교에 있어 교회지도자의 영향력이 컸으므로 선교정책상 자연히 교회지도자 교육은 모든 선교사역의 중요한 핵심이었다. 이러한 지도자 교육은 성경연구반에서 시작하여 성경학원으로, 성경학원에서 신학교로 점차 발전되어 갔다. 교인 수가 증가하고 모임이 증가함에 따라 자연히 모임을 지도하고 인도하는 사람을 세울 필요가 생겼다. 그리고 직분자들도 증가하였는데, 직분자들로는 권찰(exhorter), 집사, 구역장(leader), 장로, 전도사 또는 조사(助師, helper)가 있었다. 이러한 지도자들

---

24) Quarto Centennial Papers of Korea Mission, 1909, p. 18., Harry A. Rhodes, op. cit., p. 254에서 재인용.
25) C. A. Clark, *The Korean Church and the Nevius Methods*, 1930, p. 109, ibid., pp. 254-255에서 재인용.
26) Ibid., p. 129., Ibid., p. 255에서 재인용.

을 교육시키기 위하여 월별, 분기별, 연례 모임을 가졌으며 성경연구반에서도 따로 '지도자반'을 만들어 직분자들을 교육하였다. 특히 교회지도자들은 잘 훈련되었다. 한국교회의 놀라운 역사 중 하나는 지도자의 대부분이 무보수의 평신도라는 점이다. 많은 지도자가 나올 수 있었던 것은 한국인들이 타고난 지도자요, 언변가요, 표현력이 뛰어난 사람이었기 때문이다.[27]

네 번째로는 여성교육이었다. 당시의 여성은 자기 자신의 이름보다 어릴 때는 '아무개의 딸'로, 결혼해서는 '아무개의 댁'으로, 아들을 낳았을 때는 '아무개 엄마'로 불렸다. 사회가 남성 중심의 문화였음을 증명하는 것이다. 어떤 여자는 이름이 없어서 세례를 베풀 때 이름도 지어주어야 하는 경우도 있었다. 그 당시에는 교육을 받은 여성이 매우 제한되어 있었는데 그들은 대부분 양반집의 여인들과 기생들이었다. 기독교가 들어와서 비로소 여성들을 격리와 무지에서 이끌어 내었고 그들의 자질이 개발되었다. 기독교가 한국 여성들을 위하여 한 공헌을 요약한다면 여성의 지위 향상, 아동기의 보호, 교육열의 고취, 사회생활의 지도, 노예상태에서의 해방, 결혼연령의 상향, 가정의 청결과 아름다움 등이다. 그리하여 기독교가 한국에 영향을 가장 많이 끼친 것은 여성교육 분야이다. 윤치호는 말하기를 "기독교 선교사가 한국에서 이루어 놓은 업적이 하나도 없다고 할지라도 여성교육을 도입하여 소개하였다는 것만으로도 영원히 칭송을 받을 만하다"[28]고 하였다.

기독교에 의하여 여성교육이 공식적으로 소개되고 시도되기 전까지는 여성들은 남성들의 눈에 띄지 않게 안채에서만 살았다. 교회에 출석할 때도 남자들이 볼 수 없는 별채에서 모였으며, 초기 선교사들이 여성들에게

---

27) Ibid., p. 258.
28) Ibid., pp. 258-259.

학습과 세례문답을 할 때도 커튼을 사이에 두었다. 의료선교사들이 여자 환자들의 입 속을 진찰할 때도 직접 살펴보지 않고 커튼에 구멍을 내어 그 구멍을 통하여 살펴보았다.

선교사들이 시행한 여성교육으로는[29] 첫째, 글을 가르치는 일이었다. 이러한 교육을 통하여 많은 성도들이 문맹에서 벗어나게 되었으며, 선교사들은 50세 이하의 사람 중 글을 읽지 못하는 사람에게는 세례 베푸는 일도 연기하였다. 문맹인들의 읽기 교육을 위하여 한국인 전도부인들이 집집마다 찾아다니면서 여성들을 가르쳤다. 둘째, 교회 부설학교를 통하여 여성교육을 실시하였다. 처음에는 여성들이 학교로 나오지 않았으나 꾸준히 설득한 결과 1930년대가 되어서는 부설학교 학생의 30%가 여성이었다. 부설학교에는 다음의 네 종류가 있었다.[30]

①교회에서 설립한 초등학교 ②계속적으로 공부할 수 없는 사람을 위한 여름·겨울학교 ③젊은 기혼여성과 과부들을 위한 학교(여기에서는 성경교육과 아동양육 등을 가르쳤다.) ④초등학교를 졸업한 사람들을 위한 고등교육 기관으로 여자기숙학교가 있었다.

셋째로, 어머니 클럽, 소아진료소, 요리 및 재봉반, 사회복지 조직들을 통하여 여성을 교육하였다.

김필례에 따르면 1913년에서 1923년 사이에 한국여성에게는 많은 발전이 있었다.[31] 즉, 이 시기에 ①여성의 교육받을 기회가 매우 크게 늘어났다. 1913년과 1923년을 비교하면 초등학교의 여학생 수는 4,000명에서 4만 명 이상으로 늘어났고, 중등학교 여학생 수는 300명에서 3,000명으로 늘어났다. ②혼인관계에서의 새로운 자유를 가졌다. 이전까지는 부모에

---

29) Ibid., p. 260.
30) H. G. Underwood, *The Call of Korea*(1908), pp. 118-119.
31) Ibid., 260.

대한 무조건적인 순종이 요구되었고, 부모 앞에서는 남편에게 말하는 것조차도 용납되지 않았다. 다른 사람 앞에서는 아이를 낳을 때까지는 말하는 것이 용납되지 않았다. 그러나 10년 후에는 약혼하지 않은 사람에게까지도 자유롭게 말할 수 있게 되었다. ③사회생활이 많이 개방되었다. 여성들이 낮에는 밖에 다닐 수가 없었으나 10년 후에는 자유롭게 다닐 수 있게 되었다. 머리에 썼던 수건과 두건도 벗을 수 있게 되었다. ④개인 사업을 할 수 있게 되었다. 10년 전에는 시장을 가는 것도 허락되지 않았으나, 10년 후에는 상점 경영도 할 수 있게 되었다. ⑤여성사회 조직이 성장하였다. 10년 전에는 여성사회 조직이 전무하였으나, 10년 후에는 58개의 여성조직이 있어서 정부에서도 관심을 갖게 되었다.

선교사들이 한국에서 선교사역을 시작할 즈음에 중국 상해에서는 네비우스 선교사(Rev. John L. Nevius, D. D.)가 「중국보고서(Chinese Recorder)」라는 잡지에 "선교지 교회 설립과 발전"이라는 글을 연재하였는데, 이 글이 다음해에 책으로 발행되었다. 언더우드 선교사는 이러한 네비우스의 방법을 한국선교에 적용하고자 하였다. 이와 더불어 경험이 많은 중국현지의 선교사들에게 조언을 구하였다. 1890년 6월에 네비우스 선교사 부부가 2주 동안 서울에서 선교부 사람들과 함께 지내면서 영향을 끼쳤다. 언더우드는 "우리는 심사숙고하며 기도한 후에 네비우스 방법을 채택하기로 작정하였다"고 말했다. 이러한 네비우스 방법을 곽 목사(Rev. C. A. Clark)는 다음과 같이 요약하고 있다.[32]

①순회를 통한 개인전도 ②자전(自傳, self propagation) ③자치(自治, self government) ④자급(自給, self support) ⑤그룹지도자와 순회 조사들의 인도에 의한 체계적인 성경공부 ⑥엄격한 권징시행 ⑦최소한 같은 권

---

32) Harry A. Rhodes, op. cit., pp. 87-88.

역 안에서의 협동과 연합 ⑧법정소송에 불간섭 ⑨경제생활에서 가능한 도움을 줌.

이러한 네비우스 원리를 실행하기 위하여 선교부는 1891년에 규칙을 채택하였다. 이러한 새로운 네비우스 정책을 채택한 결과로 나온 첫 번째 변화는 서울에 있는 소년학교의 관리실태에서 나타났다. 즉 지금까지 교육비 전액을 도움받던 소년들이 이제는 그들의 교육비용의 일부를 지불해야만 했고 방학 동안에는 그들의 집으로 갔다. 이 이론은 개척교회라 할지라도 경제 형편에 따라 교역자의 사례와 교회 건물은 스스로가 해결해야 한다는 것에 기초하고 있다.

제4장
내실화정책으로서의 교회교육

아버지께서 내 안에, 내가 아버지 안에 있는 것같이
저희도 다 하나가 되어 우리 안에 있게 하사
세상으로 아버지께서 나를 보내신 것을 믿게 하옵소서(요 17 : 21)

제4장
내실화정책으로서의 교회교육

　한국선교는 '선교역사의 기적'이라고 불릴 만큼 짧은 기간에 큰 부흥을 이루었다. 이러한 부흥은 한국선교 초기 선교사들의 교육사역, 신문 발간, 성경읽기 장려 등과 같은 양적인 확대정책에 근거한다. 그러나 또 다른 면에서는 앞에서의 양적 성장정책만이 아니라 내실화를 위한 정책, 그 중에서도 다양한 교육정책이 성장 원인이었다고 할 수 있다. 이렇게 한국교회의 부흥을 가져온 한국교회의 초기 교회교육은 크게 다섯 가지 유형으로 나눌 수 있다. 그 다섯 가지는 성경연구반, 성경통신반, 성경학원, 주일학교, 기타 유형 등이다. 다음에서 그 하나하나에 대하여 논의하되 먼저 성경연구반에 대하여 살펴보고자 한다.

1. 성경연구반(Bible Classes) [33]

　성경연구반은 한국 성도들의 말씀에 대한 사모에 힘입어 짧은 시간 내

---
33) H. H. Underwood, op. cit., p. 28.

에 급속한 발전을 이루었다. 이러한 성경연구반의 첫 번 모임은 1890년에 서울에서 개최되었는데 여기에 7명이 참석하였다.[34] 이렇게 시작한 성경공부는 다음 해에는 18명이 참석하였고, 1892년부터는 더욱 확대되어 여러 지역에서 열렸다. 성경공부는 인기가 있어서 1909년에는 세 선교부(평양, 선천, 재령)의 통계만 보더라도 600개의 반(班)이 개최되었으며 연인원 41,000명이 참석하였다. 그 중에서 이러한 성경연구반 모임에 중복으로 참석한 사람을 제외한 순수 인원은 32,000명이었는데, 이는 해당 선교부에 속한 전체 교회 교인수의 39%에 해당하는 것이었다. 로즈(Rhodes)의 성경연구반에 대한 통계[35]는 그 발전 현황을 보여주고 있다.

로즈는 북장로교 선교사들의 사역을 중심으로 했기 때문에 그 통계도 북장로교(PCUSA)의 통계만을 제시하고 있는데 반하여, 언더우드는 각 교단별로 통계를 세분화할 뿐 아니라 한국 전역에서 시행된 국내 전체 성경연구반에 대한 현황을 보여주고 있다. 따라서 언더우드의 통계에 나타난 북장로교의 통계와 로즈의 통계에 차이가 있음을 알 수 있다. 즉, 언더우드의 통계[36]상으로는 1919년에 개최된 성경연구반의 수는 1,991반이며 참석한 성도의 수는 87,270명인데, 이를 각 선교부별로 세분화하여 다음과 같은 통계를 나타내고 있다.

---

34) 이재훈, "한국초기 장로교회 교회교육에 관한 연구-1886~1930년간의 장로교의 주일학교 교육을 중심으로", (연세대학교 교육대학원 논문, 1986), 21면, 여기에 참석한 사람은 의주에서 백홍준, 김관근, 솔내에서 서경조, 최명오, 서울에서 서상륜, 정공륜, 홍정후 등이었다.

35) Harry A. Rhodes, op. cit., pp. 548-549.

    1908   766반   45,464명
    1919   1,442반   60,744명
    1932   1,571반   112,623명

36) Ibid., p. 32.

| | (북감) | (남감) | (북장) | (남장) | (캐나다장) | (호주장) | |
	N.M.	S.M.	N.P.	S.P	C.P.	A.P.	합계
학급	163	55	1,443	70	222	38	1,991
남자	–	1,030	32,934	1,629	8,097	519	44,209
여자	2,112	509	33,339	934	5,330	787	43,061
총계	2,112	1,539	66,273	2,563	13,427	1,306	87,270

여기에 나타난 북장로교의 학급 수는 1,443반에 참석자 수는 66,273명이며, 로즈의 통계는 위의 각주 33에 나타난 대로 1,442반에 참석자 수는 60,744명이었다.

한국선교부가 성경연구반을 통하여 성경교육을 시행하고 강조한 원인 중의 하나는 기독교인은 되었으나 아직 기독교의 원리와 내용을 잘 모르는 교인들에게 기독교를 효과 있게 전하기 위한 것이었다. 이렇게 주님을 믿겠다고 고백하는 새신자들을 교육하는 성경연구반의 교육내용은 자연히 기독교의 기본원리가 되는 내용이었다.[37]

 1)그리스도는 누구시며
 2)언제, 어디서, 어떻게 사셨으며
 3)언제, 어디서, 어떻게 죽으셨으며
 4)그리스도께서 가르치신 것이 무엇인가?

그런데 이러한 교육사역에 큰 장애가 하나 있었다. 그것은 당시의 많은 사람들이 글을 해독하지 못하기 때문에 성경을 가지고 있다고 해도 읽을 수가 없다는 것이었다. 그러므로 성경을 읽을 수 있도록 하기 위해서

---

37) Ibid., p. 32.

는 먼저 한글교육을 시킬 수밖에 없었다. 이러한 상태에서 교육방법은 일대일 방법이 될 수밖에 없었다. 그러나 이러한 일대일 교육방법도 얼마 가지 않아서 바뀌게 되었다. 많은 사람이 계속적으로 기독교로 개종하여 왔기 때문에 일대일 교육으로는 그 많은 사람들을 가르치는 일을 감당할 수가 없었기 때문이다. 그리하여 능률적인 사역을 위하여 그룹단위로 교육하기 시작하였다. 이러한 그룹단위의 교육이 바로 성경연구반이다. 이 성경연구반에 맨 처음 온 사람들은 자연히 지도자와 교사로서 사역을 하고 기능을 발휘할 수 있도록 교육을 받았다. 이러한 성경연구반은 선교사들이 각 지역을 순회하면서 필요에 따라 개최하였다.

성경연구반은 짧은 기간 내에 전국적으로 확산되었을 뿐 아니라 성경연구의 붐을 조성하게 되어 이 모임에 참석하는 교인들의 수는 남쪽지방에서는 200여 명이, 그리고 북부지방에서는 1,300여 명 이상이 등록하는 대성황을 이루었다. 이들이 교육을 받은 후에는 자기 고향으로 돌아가서 각기 성경연구반을 개최하였는데, 1907년에는 평양선교부에 속한 선교사들의 지도하에 있는 지방에서만 만여 명이 등록하였다. 이와 같은 방법은 요즘에 교역자들이 성경교육 프로그램을 수강하고 난 후 각 지교회로 가서 지교회 성도들을 대상으로 교육을 실행하는 것과 같은 방식이라고 할 수 있다. 성경연구반이 매년 그 규모가 커지면서 특성과 기준에 따라 여러 반으로 나뉘었다. 이 때의 기준은 문맹도와 성별이었다. 또 세분화된 각 반은 그 특성에 맞게 교육하였는데 특히 여성을 위해서는 위생에 대한 교육을 하였고 탁아제도도 마련하였다. 이러한 제도는 100년이 지난 오늘날보다 앞서는 것으로 한국교회의 초기교육 수준이 어떠하였는지를 보여준다. 당시 여성반의 스케줄은 다음과 같았다.

1) 기도와 찬송모임
2) 반으로 나누어 성경공부

3) 다시 모여 찬송

4) 다시 분반

5) 점심

6) 위생교육

7) 심방 또는 전도[38]

그리고 저녁에 다시 모여 공부를 하거나 전도 집회를 하였다.

이러한 여성반과는 별도로 서울지역에서 일반인들을 위해 열리는 성경공부반의 강의내용은 하루를 삼등분하여 구별지을 수가 있는데, 각 때마다 강의의 특색은 다음과 같다.[39]

1) 아침 : 성경공부를 주로 한다. 고등반(Graduate Class)은 성경공부, 교회정치, 주일학교 교육방법 등을 각 한 시간씩 가르친다.

2) 오후(2~4시) : 일반강의와 토의를 하는데, 예를 들면 구세군과 그 사역, 유교, 불교, 위생, 모슬렘, 감리교 사역, 안식교 등에 대한 교육을 하였다.

3) 저녁 : 30분 찬송 후에 저녁 강의와 토의를 하였는데, 그 내용으로는 교회 사역 방법, 교회와 지도자, 해외선교, 국내전도, 주일학교, 기독교 문화, 교회와 교육 등에 관한 것이었다.

이때는 사회적으로, 경제적으로, 정치적으로 많은 변화가 있었음에도 불구하고 성경연구반에 참여하는 숫자는 상당히 많았고 전체적으로 증가 추세에 있었다. 그러나 참석하는 인원수는 해마다 조금씩 등락이 있었다. 그 원인은 영적인 열심이 떨어졌다거나 또는 사회적인 여건 때문이 아니었다. 기상의 악화로 말미암은 교통의 불편과 작황으로 인한 경제적 어려

---

38) H. H. Underwood, op. cit, p. 29
39) Ibid.

움으로 등록비 납부의 어려움 등 자연환경과 경제적인 변인 등에 달려 있었다. 그러나 그들의 성경공부에 대한 열망은 상당히 높았다. 로즈는 이에 대하여 다음과 같이 기록하고 있다.[40]

"어떤 사람들은 320km를 걸어왔다. 1910년 서울의 한 반에는 동해안의 강릉에서부터 14명이 320km를 걸어왔다. 그리고 등록비를 포함한 기타 모든 경비를 자신이 부담하였는데 이는 단지 성경을 공부하기 위한 것이었다."
"1914년 만주의 한 성경연구반에는 120명이 참석하였는데 그들이 걸어 온 평균 거리는 90km였다."
"1917~1918년의 성경연구반은 117,000명의 교인 중에서 76,000명이 참석하여 65%의 참석률을 나타내었다."

말씀에 대한 한국 성도들의 이러한 열심이 성경연구반을 탄생시켰고, 성경연구반은 한국교인들을 말씀에 대한 뜨거움과 헌신으로 무장시킴으로써 선교 100년의 역사에 전체 인구의 25% 이상이 그리스도인이라는 놀라운 선교역사의 기적을 이루는 원동력이 되었다. 물론 하나님의 섭리와 성령님의 강권적인 역사가 그 주체적인 요인이라는 점에는 조금도 이의가 없지만, 하나님께서는 선교사들의 성경연구반을 통한 성경교육과 한국 성도들의 헌신을 통하여 한국교회의 부흥의 기반을 닦게 하신 것이 확실하다.

---

40) H. A. Rhodes, op. cit., p. 254.

2. 성경통신반(Bible Correspondence Courses)

　초기 한국교회 교육의 두 번째 유형으로는 성경통신반을 들 수 있다. 성경통신반은 성경연구반이 계속적으로 발전한 것 중의 한 형태로 선교사들에 의하여 1917년에 시작되었으며, 1930년부터는 이 과정을 한국 주일학교연합회에서 시행하였다. 이 성경통신반은 각 지역에서 각 선교사별로 시행하였는데, 그 중에서도 스왈렌 목사(Rev. W. L. Swallen)의 성경통신과가 널리 사용되었다.
　이것은 가정학습용 교육과정인데 신약은 12과로 550문항이 제시되어 이에 답을 쓰도록 되어 있으며, 구약은 20과로 각 과에는 50문항이 제시되어 있다. 그리고 각 문항에 답을 쓰고 제출하면 채점하여서 본인에게 다시 나누어 준다. 이렇게 모든 과를 다 마치게 되면 자기가 다니는 교회의 담임목사 앞에서 시험을 치게 되는데 각 과마다 10문항이 제시된다. 이것을 통과하면 졸업증서를 받게 된다.
　이러한 성경통신과정은 그 나름대로 단점도 있으나 장점도 많다. 그 중에서도 여러 가지 사정으로 일정 기간 동안 계속하여 집을 떠날 수 없는 사람들의 성경교육에 아주 적합하다는 것이 큰 장점이다.

3. 성경학원(Bible Institutes)

　선교사역이 발전해가고 믿음이 더해감에 따라 한국교회의 지도자 양성을 위한 고등교육의 필요성이 생겼다. 이러한 고등교육의 시행을 위하여 성경학원이 설립되었다. 성경학원은 여러 가지 측면에서 성경연구반과 구별된다. 성경학원은 성경연구반 및 성경 아카데미와는 기간과 대상에 있

어 차이가 있다. 그 차이는 다음과 같이 요약할 수 있다.[41]

1)성경연구반: 4~14일간의 비교적 짧은 기간 동안 교육을 하는 것으로 그 대상은 주로 새신자들이다.
2)성경학원: 최하 1개월 동안 성경을 교육하는 고급반으로 그 교육대상은 그룹지도자, 주일학교 교사, 전도부인, 예비 신학생과 고등교육을 원하는 자로서 시간과 경제적 여유가 있는 사람이었다.
3)성경학교: 매년 3개월 이상 교육하는 교육기관으로 성경학원보다 더 상급의 고등교육기관이다.

로즈의 통계[42]를 보면 성경학원은 성경연구반과 같은 큰 발전을 보여주지는 못하는데, 그 주된 요인은 성경연구반과는 달리 그 대상이 지도자로 제한되어 있었을 뿐 아니라 당시로서는 그 필요성을 느끼는 사람도 그렇게 많지 않았기 때문이다. 또한 그 시작 연도도 로즈의 기록에서는 1912~1913년에 처음으로 성경학원이 나타나고 있으나 실제로는 평양에서는 1907년, 서울에서는 1910년, 선천에서는 1911년에 시작하였다.[43]

성경학원에 대한 선교부의 계획은 각 선교지회별로 남녀 각반을 운영하는 것이었다. 이 프로그램에 참석하는 사람들 중의 많은 수는 지교회의

---

41) H. H. Underwood, op. cit., pp. 34-35.
42) Harry A. Rhodes, op. cit., pp. 548-549. 성경학원에 대한 통계는 다음과 같다.

1912-3	7반	562명
1913	11	804
1914	11	1011
1915	11	868
1916	12	868
1917	14	892
1918	14	744
1919	15	777

43) H. H. Underwood, op. cit., pp. 34-35.

제직 및 지도자들이었으며 이 프로그램의 기간은 5~6년 과정에 매년 1~2개월의 교육이었다. 이 프로그램이 발전된 것 중에는 서울에 있는 남자를 위한 학교인 피어슨 성경학원(Pierson Memorial Bible Institute)과 평양에 있는 여성을 위한 평양 여자고등 성경학원(the Higher Bible School for Women)이 있는데, 이 학교에서는 1년을 3학기로 나누어 교육하였으며 1학기는 2~3개월이었다. 매일 2~3시간의 정규 성경과 교육을 비롯하여 여러 과목을 교육하였다. 교육과목으로는 성경지리, 개별사역, 교리학, 설교학, 교회사, 선교학, 주일학교 방법론, 찬송가학, 그리고 여성반에는 위생, 산수과목이 포함되어 있었다.

4. 주일학교

초기 교회교육 프로그램의 네 번째 유형은 주일학교이다. 배재학당 교사로 부임한 남편 노블 목사(W. A. Noble)와 함께 온 노블 부인은 주일학교 교육전문가로서 한국교회 주일학교 개척에 큰 공을 세웠다. 1894년 남편을 따라 평양으로 간 노블 부인은 남산현 교회에 유년주일학교를 개척하기 위하여 먼저 교사양성을 시작하였다. 그는 1903년 7월부터 아동을 모집하였는데 첫 주일에 175명이 모여들었고 매주 크게 부흥하였다. 그러나 지도자의 부재로 흩어졌던 주일학교를 1907년 다시 조직하였는데 이때 숭실전문학교 학생, 광성학교 학생, 교회청년 등 20여 명을 선발하고 교육하여 교사로 사역케 하였다.

주일학교[44]는 1905년 한국 선교연합공의회(Federal Council of Missions)

---

44) 엄요섭, 전게서, pp. 9-14.

내에 주일학교위원회가 창설된 것을 기원으로 한다. 그 후인 1908년 4월 브라운(F. L. Brown)과 해밀(H. M. Hamill)이 선교연합공의회 내의 주일학교위원회를 돕기 위하여 내한하고, 1911년에는 브라운(F. L. Brown)이 다시 세계주일학교협회를 대표하여 내한하였다. 그리하여 첫째로는, 한국 주일학교협회의 실행위원회를 결성하였고, 둘째로는, 세계주일학교협회의 도움과 협력을 요구하는 결의를 하였다. 뿐만 아니라 1913년에는 세계주일학교협회의 실행부 회장인 하인즈(H. J. Heinz)가 내한하여 경무대(현 청와대) 앞마당에서 서울시내 주일학교 대회를 개최하였는데, 이때 약 14,200명이 참석하는 대성황을 이루었다.[45]

한국교회의 역사와 때를 거의 같이하는 주일학교의 교육은 처음부터 주일학교 중에서도 장년 주일학교에 중점을 두었다. 지교회에서는 주일예배 전에 성경공부를 하기 위하여 모였는데, 여기에는 교우들뿐 아니라 관심 있는 불신자와 불신가정의 아이들이 참석하였기 때문에 어떤 경우에는 교인 수보다 주일학교 참석자가 더 많기도 하였다. 이러한 주일학교는 1910년대에는 확장주일학교(Extension Sunday School) 사역을 통하여 더 크게 부흥하였다. 이 확장주일학교라고 하는 기관은 비기독교인의 자녀를 전도하는 데 초점을 두고서, 성경뿐 아니라 한글의 읽기, 쓰기, 그리고 때로는 초급 한문도 가르쳤다. 그리고 시설이 허락하는 대로 기술과 음악도 가르쳤는데, 이러한 교육내용이 부모들로부터 호감을 사게 되어 전도에도 상당히 효과를 보았다.

이렇게 선교사역이 확대되자, 주일학교 조직, 교사교육, 교재개발에 대한 요구가 증대되었다. 그리하여 이때 이미 감리교와 북장로교에서는 주일학교 전담 사역자를 두게 되었다. 이때 주일학교 학원(Sunday School

---

45) H. A. Rhodes, op. cit., p. 445.

Institutes)은 성경학원, 성경연구반과 같은 의도에서 설립된 것으로 주일학교 사역자 양성을 위한 기관이었다.

주일학교 교재는 연합주일학교 위원회에서 전국을 대상으로 「주일학교 공부」[46]를 준비하여 기독교문서회(Christian Literature Society)가 발행하였다. 뿐만 아니라 주일학교의 효과를 점검하기 위하여 '표준 점수표(Standard Score Card)'를 만들었고 또 교사를 위한 잡지를 발행하였으며, 성경이야기, 시상카드, 생일카드 등의 자료도 제공되었다. 공과책도 교사 외에는 비교적 소수의 사람만이 가지고 공부하였으며, 다른 사람들은 성경을 보고 그대로 공부하였으나 어려움은 없었다. 또한 각 교회에서는 교사직을 중요한 것으로 간주하고 교사교육을 위하여 많은 노력을 하였다. 그리고 일주간의 어느 시간을 정하여 담임목사나 전도사의 지도 아래 다음주의 공과공부를 준비하는 시간을 가졌다.

주일학교의 교육방법으로는 예배 외의 시간에 모여서 성경을 배우는 것이었다. 초대 한국교회에서는 교육이 예배의 설교보다도 더 강조되었다. 한국교회는 자신들의 예배당은 스스로 지었지만 불과 몇 교회 외에는 교육관을 짓지 못하였다. 이러한 교육환경의 어려움에도 불구하고 한국교회는 주일학교를 잘 운영해 나갔다. 즉 장소가 협소하고 모자랐기 때문에 한꺼번에 주일학교가 다 모이지 못하고 시간대를 달리 하여 모였다. 즉 어린이 주일학교로부터 시작하여 남자 장년 주일학교, 여자 장년 주일학교가 오전 내내 시간대별로 모였다. 이러한 불편이 있었던 반면 장점도 있었는데, 그것은 교대로 모이기 때문에 모든 가족이 집을 교대로 지킬 수 있으므로 주일학교에 모든 가족이 출석할 수가 있었다는 점이다. 이 주일학교는 나이에 따라 분류되었는데 곧 유아반에서부터 70세반까지 있

---

[46] 엄요섭, 전게서, pp. 8-9.

었다. 때로는 70세 이상을 위하여 분반하기도 하였다.

　마지막으로, 주일학교의 교육원리와 근거[47]에 대하여 살펴보려고 한다. 로버츠(S. L. Roberts)는 교회교육의 원리를 다음의 세 가지로 요약하고 있다. 그는 첫째, 중생의 필요성을 말하는데 이는 설교, 전도, 성령의 역사가 사역자의 교육활동보다 앞서기 때문이다. 즉 출생은 성숙보다 먼저 오기 때문이다. 이는 교육은 새 생명을 주는 것이 아니라 이미 얻은 새 생명 안에서의 활동임을 강조하는 것이다. 둘째, 성경의 가치와 위치인데 성경에 대한 지식이 기독교교육의 기초라고 그는 말한다. 즉 교육에 필요한 것은 성경에서 찾아야 한다는 것이다. 따라서 모든 교육은 성경 중심이 되어야 한다고 주장한다. 셋째는 중생한 사람이 지식과 힘을 원하는 것은 자연적인 것이라는 것이다. 다시 말하면 기독교교육은 일찍 시작하여야 하고 일생동안 지속적으로 시행되어야 한다. 그래서 선교부는 이를 인식하고 이를 목표로 활동하였다. 이러한 이유로 먼저 지도자 교육의 필요성을 강조하였고 이것은 곧이어 모든 사람들로 확대되었다.

5. 기타

　초기교육의 기타 유형에서 언급되어야 하는 것들이 몇 가지 있는데 그 첫째가 신입교인반이다. 선교부의 1891년 규칙에 따르면 '특수한 경우를 제외하고 모든 세례문답자는 6개월 이상의 교육과정을 밟아야 한다'고 규정함으로써 한국교회는 초창기부터 교회교육 중에서도 새신자 교육을 강조하였다. 한국교회는 1894년부터 공개적으로 신입교인을 받았는데, 이

---

47) Rev. S. L. Roberts, 'Fifty Years of Christian Training in Korea', *The Fiftieth Anniversary Celebration of the Korea Mission of the Presbyterian Chruch in the U.S.A.*, 1934.

때에 자신의 믿음을 고백함으로써 자신에게뿐 아니라 다른 사람들에게도 큰 도움을 주었다.

둘째로는 가정예배이다. 가정신앙 교육이 실패하면 교회와 학교의 노력도 성공할 가능성이 줄어든다. 가정은 하나님께서 첫 번째로 주신 학교이다. 여기에서 성격이 형성된다. 따라서 가정예배의 중요성이 강조되었으며, 모두가 실천한 것은 아니지만 수많은 가정이 매일 가정예배를 드렸다.

셋째로는 지교회 면려회이다. 지교회의 청년교육은 면려회를 통하여 시행되었다. 그들은 신앙 활동 이외에도 매춘 근절, 금주, 금연을 위하여 활동하였고 빈곤타파 운동도 하였다. 그리고 교육에도 힘을 쏟았다. 그들은 교육을 받을 뿐 아니라 교회사역 특히 주일학교 사역에 많은 봉사를 하였다. 그리고 여름성경학교 교사는 대부분이 16~25세 사이의 젊은이들이었다. 마지막으로는 부설학교이다. 이는 엄밀히 말하자면 교회교육기관이 아니다. 다시 말하면, 이 기관이 하는 교육은 교회교육(Church-oriented education)이 아니다. 이는 교회부설 학교교육(Church-sponsored education)이다. 한국교회는 초기의 여러 가지 어려움 가운데서도 부설학교를 통하여 기독교교육을 시행하였다. 당시에는 수백 개의 초등학교가 지교회에 의하여 유지되고 지도를 받았다. 여기서는 세속 교육 외에 기독교 신앙교육, 성품, 행위에 대하여 교육을 하였다.

제5장

교회 중심의 청년교육사역

이 율법책을 네 입에서 떠나지 말게 하며
주야로 그것을 묵상하여 그 가운데 기록한 대로 다 지켜 행하라
그리하면 네 길이 평탄하게 될 것이라 네가 형통하리라(수 1 : 8)

 제5장

교회 중심의 청년교육사역

한국 개신교 선교운동은 청년들에 의하여 시작되었다는 특징을 지닌다. 우선 한국에 온 선교사들 모두가 젊은 청년들이었는데, 1885년 한국에 온 장로교 언더우드(H. G. Underwood, 원두우)와 감리교 아펜젤러(H. G. Appenzeller, 아편설라), 스크랜턴(W. B. Scranton, 시란돈) 등 선교사들의 나이가 모두 24~25세였다.

또 이때 기독학생 운동의 요람지인 배재학당의 협성회(協成會) 회원들도 20세 미만의 청년들이었는데, 1896년 11월 21일 영은문(迎恩門)을 헐고 독립문(獨立門)을 세울 때 배재학당 학생들이 참가하여 애국가와 독립가를 불렀다.

또한 1887년, 1888년 새문안교회와 정동교회의 창설핵심 교인도 청년들이었으며, 1896년 독립신문, 독립협회의 창설핵심도 청년들이었다.

그 당시 활동하던 대표적 청년운동 단체는 감리회의 엡윗 청년회와 장로교의 면려청년회, 그리고 초교파의 기독교청년회인데, 가장 먼저 조직된 단체는 감리교의 엡윗 청년회이므로 먼저 엡윗 청년회에 대하여 살펴보고자 한다.

1. 감리교의 엡윗 청년회(Epworth League)

엡윗회는 감리교 창설자인 요한 웨슬리의 탄생지 엡윗(Epworth)을 지칭하여 이름 붙여졌으며, 청년들의 영적 훈련과 친교 및 봉사를 위한 인격수련을 목적으로 하였다. 엡윗 청년회는 1889년 5월 15일에 미국 오하이오주 클리블런드시에 있는 감리회 중앙교회에서 기존의 5개 교회 청년회를 엡윗회로 통일시키면서 시작되었다. 이후 1896년 미국 미조리주 세인트루이스에서 모인 남감리회 총회의 가결로 엡윗회가 전국운동으로 확산되었다.

한국에서의 엡윗회는 1897년 5월 5일에 조직되었다. 감리교 제13회 한국선교연회에서 조이스(I. W. Joyce) 감독이 설립을 승인하고, 감독 밑에 연합위원 선교사 조원시(G. H. Jones), 노블(W. A. Noble), 배재학당 대표 노병선(盧炳善), 제물포교회 대표 김기범(金箕範), 달성(尙洞)교회 대표 이은승(李殷承) 5명을 임명함으로 시작되었다.[48] 개체교회에서는 1897년 10월 31일[49] 정동교회에서 처음 조직되었고, 1901년 '청년'이라는 말이 삽입되어 엡윗 청년회가 되었다. 엡윗 청년회는 그 속에 전도국, 인제국, 학문국, 다정국(多情局), 통신국, 회계국을 두었고, 한국교회 청년운동에 활력을 불어넣으며 활발하게 활동하였다.[50] 이러한 엡윗회는 상동교회 전

---

48) 「조선 그리스도인 회보」, 1897. 9. 15., 「대한 그리스도인 회보」, 1899. 5. 17.
49) 한규무는 그의 석사학위 논문 「구한말 상동청년회의 설립과 활동」(1988) 3쪽에서 상동교회 내의 엡윗회는 1897년 9월 5일 최초로 설립되었다고 말한다. 그 근거로 1897년 9월 8일자 「죠션 그리스도인 회보」를 다음과 같이 인용하고 있다. "구월 오일은 례비 일인듸 하오 두뎜종에 남대문안 달셩회당(상동교회)에서 민 혀 청년회를 셜시ᄒᆞᆫ듸 회원은 교회 즁 사ᄅᆞᆷ으로 밧으되 년긔는 십오세로부터 삼십오세 ᄭᅡ지 위션 입참훈 회원이 소십소인 이요 인쳔 졔물포 교회에셔도 또훈 쳥년회를 셜시ᄒᆞ엿ᄂᆞᆫ듸 회원이 이십팔인이요, 정동교즁에셔도 쟝ᄎᆞᆺ 셜시훈다더라."
50) 김주병, 「감리교청년운동지침」, p. 18 이만열, 「韓國基督敎文化運動史」 (서울 : 大韓基督

덕기 목사를 중심으로 하여 정치그룹으로 발전하였다. 그는 엡윗 청년회와 청년학원을 교회 내에 설치하여 원래 목적인 전도와 아울러 학도들에게 군사교련을 시키는 목적을 갖고 있었다. 1905년 을사보호조약 이후 엡윗 청년회가 구국 민족운동에 적극 참여하자 친일 감독인 해리스(M. C. Harris)가 엡윗 청년회의 해체를 명령하였다. 엡윗회가 해산된 후에 상동청년을 중심으로 1904년 10월 15일에 상동청년학원을 조직하여 운영하였다.[51]

상동학원은 청년운동과 교육에 많은 공헌을 하였다. 구체적으로는 먼저 상동청년학원은 철저한 한글운동을 통하여 단순한 국어교육의 차원을 넘어서 민족혼을 일깨우는 작업을 하였다. 여기서 배운 이들 중에 후에 한글을 연구하고 보급하는 지도자들이 많이 배출되었다. 둘째로는, 국사 강의를 통하여 왜곡되어 가던 한국사를 올바로 인식하게 하고, 이를 통하여 민족혼을 일깨우는 역할을 하였다. 셋째로는, 외국어의 교육을 통하여 새로운 시대의 개척을 시도하였다. 그리고 마지막으로는 체육시간을 통하여 군사훈련을 함으로써 체력의 향상과 정신적 긴장, 동지의식을 함께 가지도록 하며, 또한 민족의 미래에 대한 자신감을 가지도록 하는 데 목적을 두었다.[52]

敎出版社, 1987), p. 264에서 재인용.
51) 상동청년학원의 설립 동기에는 두 가지 설이 있다. 첫째는 1904년 10월 미국교포 강천명이 상동교회 전덕기 목사에게 교육사업에 써 달라고 헌금을 보내온 것이 계기가 되어 전덕기 목사가 세웠다는 설이다(최석주, 「내가 본 인생백경」 (대한 기독교서회, 1974), 266쪽, 임용택, 전덕기의 신앙관과 민족의식 고찰(감리교 신학대학 대학원, 1989), 33쪽에서 재인용). 둘째는 1905년에 엡윗 청년회가 제대로 활동할 수 없게 되자 그 대신으로 청년을 교육하기 위하여 세웠다는 설이다(노블 부인, 「고견덕긔목사략력」<승리의 생활>, 기독교창문사, 1927, p. 51 상게서, 33쪽 각주 10에서 재인용). 이 두 가지 설 중에서 전자가 후자보다 더 설득력이 있다고 하면서 그 근거로 「신학월보」 10월호에 1904년 10월 15일에 개교했다고 되어 있고, 청년학원 설립을 위한 연보자 명단의 강천명(姜天命)이라는 이름을 제시한다.
52) 상게서, pp. 265-266.

그러나 남감리회의 엡윗 청년회는 1914년 5월 종교교회에서 다시 재조직되었는데, 1920년에는 북감리회 엡윗 청년회 연합회가 결성되었고, 1925년에는 남감리회 엡윗 청년회 연합회가 결성되었다. 그후 1930년 12월에 남북감리교회가 합동함으로 조선 엡윗 청년회 연합회가 탄생하였다. 엡윗 청년회의 목적은 다음과 같다.

"우리의 모든 교회 내에 엡윗회를 조직하야 청년들이 기도와 간증과 권면과 개인전도 함으로써 신령상 경험을 발표하야 그리스도인의 교통함을 배양케 하며 사회사업에 봉사케 하며 선교적 관념과 지식의 훈도를 밧게 하며 기독교신임주의의 원리에서 배양되게 하며 국내 국외에서 사역자 됨을 지도하고 종교 보호하에서 적당한 사교와 오락의 필요한 바를 공급하게 하되 낡고 공부할 과정으로 찬조함"[53]

이를 요약하면 ①청년 신자들의 교제와 영적 생활지도 ②교회에 봉사할 청년의 양성 ③내외국의 선교를 위한 헌금과 교육 ④건전한 오락과 문화적 활동[54] 등이다.

엡윗회는 1931년에 148개, 회원수는 4,638명이었으며, 1937년에는 213개 조직에 4,421명이 활동하였다. 그리고 1934년 10월 조선감리회 제2회 총회에서 엡윗 청년회 헌장을 제정하였는데, 제2조에서 목적을 "본회는 남녀청소년의 신앙심을 돈독케 하며 지덕체의 교양과 봉사의 정신과 회원의 친목을 도모한다"고 하였다. 그리고 실천계획으로는 개인과 공동의 신앙성숙을 위한 신앙운동, 단체경기와 수련활동을 통한 협력정신을 기르는 보건운동, 독서권장과 토론을 통한 지식보급운동 등을 수립했다.[55]

---

53) 「남감리교회 도리와 장정」, 1923. p. 147 상게서에서 재인용.
54) 김영철, 한국기독청년학생운동사, 1897-1987(서울 : 한국기독학생회출판부, 1993), p. 100.
55) 이성삼, '엡윗 청년회' 「기독교대백과사전」, 제11권 (서울 : 기독교문사, 1984).

엡윗회는 주일학교와 분리하여 운영되었다. 그 첫째 이유는 과거에 주일학교 청소년부의 직능과 엡윗 청소년회의 행사가 일반 성도들의 관념에 분명하게 나뉘어 있었기 때문이다. 둘째 이유는 주일학교와 같이 정기적으로 집회하지 않아도 좋은 엡윗 청소년회를 조직하고, 주일학교에서 활동하는 청소년들로 하여금 자기수양을 하도록 하기 위하여 분리하여 지도하였던 것이다.[56] 엡윗회가 해체된 직접적인 원인은 전미(全美) 감리교회 종교교회협회와 전(前) 남감리교회 주일학교부를 비롯하여 현 교육국 주일학교부에서 일교다부제(一校多部制)를 실시[57]한 것이다. 즉, 미국에서도 엡윗회와 주일학교가 중첩되어 청소년 신앙지도에 폐해가 많아서, 이를 단일화하기 위하여 엡윗회와 주일학교를 합하여 한 조직체로 만들었다. 이리하여 1897년 엡윗회가 창설된 이래 40년 만에 해체되었다.

2. 장로교의 면려청년회(Christian Endeavor Society or Movement)

면려청년회는 1881년 미국 회중교회 목사 클락(Francis Edward Clark)에 의하여 창설되었다. 처음의 명칭은 기독청년면려회(Young People's Society of Christian Endeavor)였으나 CES 혹은 CEM으로 알려졌다. 이 운동이 처음 시작될 때는 초교파적이었다. 그후 1881년 감리교가 엡윗 청년회를 조직하고 다른 교파들도 각각 청년회를 조직함으로 장로교만 이 모임을 유지하다가 후에 장로교청년회가 되었다.[58] 이 운동의 창시자인

---
56) 평양 성화신학교 동문회, 「한국교회교육의 선구자」, (서울 : 한들출판사, 2002), p. 230.
57) 상게서, p. 229.
58) 김영철, 전게서, p. 80.

클락 박사가 실천한 '5개조 생활훈련 원칙'[59]은 다음과 같다.
1) 매일 기도하고 성경을 읽을 것.
2) 매주 기도회를 열되 부득이한 사정 외에는 반드시 참석할 것.
3) 매월 1회 기도회를 헌신예배로 모이고 회원을 점명하고 그리스도에 대한 선서를 잘 지켰는지 검토할 것.
4) 교인으로서 의무를 다하도록 힘쓸 것.
5) 모든 교인과 친목을 도모할 것.

면려청년회의 창립목적[60]은 그 강령에 나타나 있다.
1) 우리는 전통적 웨스트민스터 신앙고백서 및 대소요리 문답을 우리의 신조로 한다.
2) 우리는 개혁주의 신앙과 생활을 확립하여 세상의 빛과 소금이 됨을 우리의 목적으로 한다.
3) 우리의 사명은 다음과 같다.
   ① 개혁주의 신앙에 대한 교회 건설과 국가와 사회의 복음화
   ② 개혁주의 신앙의 세계 교회 건설과 세계의 복음화
4) 우리의 생활원리는 다음과 같다.
   ① 하나님 중심 ② 성경 중심 ③ 교회 중심

한국에서의 이 운동은 1901년 새문안교회에서 '면려회'란 이름으로 처음 시작하였다. 그후 1921년이 되어서야 '청년면려회'란 이름으로 전국에서 일치되게 사용되었는데, 이 운동이 시작된 때부터 1915년까지는 '청년'이란 명칭을 쓰지 못하였다. 그러나 1917년 앤더슨(W. J. Anderson, 안

---

59) 김남식, 「韓國基督敎勉勵運動史」 (서울 : 聖光文化社, 1972), p. 210.
60) 상게서, p. 299.

대선) 선교사가 입국하면서 급속도로 발전하였는데, 1921년 2월 5일 안대선 선교사에 의하여 경북 안동읍교회에 처음으로 조직되었고, 면려운동의 표어인 "그리스도와 교회를 위하여"를 슬로건으로 삼았다. 그해 6월 7~9일에는 안동읍교회에서 경북연합대회가 조직되었는데, 26지회 6백여 명의 회원으로 구성되었다. 1921년 9월 장로교 제10회 총회에서 '청년면려회(靑年勉勵會)'로 통일하는 안이 상정되어 가결되고, 각 교회마다 CE를 조직키로 하였다. 1923년 8월 기독청년면려회 조선연합회 기성회를 조직하였고, 1924년 12월 2일 서울 정동 피어선 성경학교에서 '기독청년면려회 조선연합회' 창립총회 및 제1회 면려회 친선대회를 개최하여 다음과 같은 3대 결의를 제정하였다.[61]

1) 표어
   ① 하나님께 충성을 다하자.   ② 정직한 '나'가 되자.
   ③ 사람에게 신의를 지키자.
2) 주장
   ① 쉬지 않고 나를 교양하자.   ② 나의 교회를 돕자.
   ③ 방방곡곡에 전도하자.   ④ 외지 전도에 힘쓰자.
3) 작정
   ① 매회원 매년 1인 전도주의자가 되자. ② 회원마다 십일조를 바치자.
   ③ 내 동리에서 신앙 운동을 일으키자.   ④ 외지의 한국 동포를 구하자.

1925년에는 기관지로 「진생(眞生)」이라는 잡지를 발간하여 면려운동에 큰 자극이 되었으며, 1928년에는 서울 연희전문학교에서 제1차 하기대회

---

61) 상게서, p. 124.

를 개최하였다. 1929년 9월 조선예수교장로회 제18회 총회에서는 매년 2월 첫째 주일을 면려주일로 결정하고, 전국 교회가 면려운동을 적극적으로 전개하도록 하였다.

1938년 조선예수교장로회 제27회 총회에서 신사참배 결의가 있은 후 조선총독부는 그해 9월 19일 면려회를 해체하였다.

3. 초교파의 기독교 청년회(YMCA, YWCA)

기독교 청년회는 1844년 6월 6일에 영국에서 시작되었다. 이 단체의 특징은 청소년들의 문제 해결을 위하여 조직되었으며, 교파와 인종을 초월하였다는 것이다. 기독교 청년회가 창설된 이후 1855년 8월 22일에는 파리에서 YMCA 세계연맹이 조직되면서 "기독교 청년회는 예수 그리스도를 하나님과 구주로 믿어 그 신앙과 생활에서 그의 제자 되기를 원하는 청년들을 하나로 뭉치고, 또 그 힘을 합하여 청년들 가운데 그의 나라의 확장에 힘쓴다"는 기초 선언을 하였다. 1881년부터는 "아버지께서 내 안에 내가 아버지 안에 있는 것같이 저희도 다 하나가 되어 우리 안에 있게 하사 세상으로 아버지께서 나를 보내신 것을 믿게 하옵소서"(요 17:21)를 표어로 삼았다. 이러한 선언과 표어가 후에 에큐메니컬 운동의 정신이 되었으며, 현재는 종교에 상관없이 모든 사람이 회원이 될 수 있다.

한국에서 YMCA가 설립된 동기는 상류층의 청소년들을 포섭해야 할 필요성을 느꼈기 때문이다. 그래서 1899년에 언더우드와 아펜젤러가 150명의 한국 청년들의 서명을 첨부하여 YMCA 국제위원회에 한국에서의 YMCA 설립 신청을 하였다. 헐버트(H. B. Hulbert)는 자신이 발행하던 「Korea Review」 1903년 4월호에 당시의 형편을 다음과 같이 쓰고 있다.

"첫째, 우리는 매일 거리를 쏘다니는 수백 명의 청년들을 본다. 그들은 구습에서 벗어날 수 있는 기회와 자극만 있으면 가장 유망한 청년들이 될 수 있을 것이다. 이들이 YMCA와 같은 새로운 단체를 바라는 이유로는 한국에 들어와 있는 기독교와 교회가 이미 상민이나 천민들에 점령당하고 있었기 때문이다. 양반 출신 지식 청년들은 천민과 자리를 함께 할 수 없었는데, 그 무렵 양반과 상민은 신분차가 너무나 뚜렷했기 때문이다.

둘째, 개화청년들은 당시 정부로부터 위험 인물로 간주되었다. 독립협회운동이 모두 개화청년들에 의해 운영되어 왔고, 그들이 개화다 민족독립이다 해서 세상을 시끄럽게 한 일이 바로 얼마 전의 일이었기 때문에, 정부에서는 개화에 뜻을 가진 청년들이라면 위험시하는 경향이 아직 남아 있었다.

셋째, 청년들은 기독교를 통해 민족의 전통적인 신앙이 다시 소생할 수 있다고 믿었다. 한국 사람들은 자고로 하나님을 믿는 민족으로서 기독교가 하나님을 믿는다는 데 대해 처음부터 공감을 느끼고 있었다.

넷째, 청년들은 기독교를 통해 나라의 개화와 독립을 실현코자 했다."

그 다음해인 1900년 청국(淸國)의 일부 과격분자들이 부청멸양(扶淸滅洋)이란 표어 아래 외국 선교사와 기독교인을 살해하며 폭동을 일으킨 중국 의화단(義和團) 사건이 일어났다. 이때 YMCA의 북경 주재 간사인 라이언(D. Willard Lyon)이 한국으로 피난을 오게 되면서 서울 실태를 조사하여 다음의 내용을 YMCA 국제위원회에 보고하였다.

1) 상류 지식층의 포섭을 위하여 기독교 기관이 있어야 한다.
2) YMCA를 창설하면 200명 이상의 우수한 청년이 당장 회원이 될 수 있다.
3) 선교사들이 국왕에게 잘 설명하면 허락해 줄 것이다.
4) 회관이나 돈보다 전문 간사가 필요하다.

5) 신앙이 돈독하고, 다재다능하고, 원만한 성격의 간사가 와야 한다.

이에 따라 뉴욕 본부는 전문 간사를 물색하는 일과 회관 건축비를 모금하는 일의 두 가지를 결정하였다. 그 결과 질레트(Philip L. Gillett)가 1901년 9월에 내한하게 되었고, 1903년 10월 28일에 '황성(皇城)[62] 기독교 청년회'를 발족하였다.[63]

초창기 YMCA의 특징은 첫째, 단순한 전도기관이 아니라 일반단체적인 성격을 띠고 있었다는 점, 둘째, 이사 12명 중 한국인은 단 2명이고 나머지는 4개국의 외국인이었고, 셋째, 창립총회가 열릴 때까지 미국과 캐나다 YMCA의 국제위원회의 뒷받침이 컸다는 점, 그리고 한국 YMCA를 국제기구에 가맹시키는 일을 우선적으로 서둘렀다는 사실, 넷째, 각국 외교관, 은행가, 실업가, 교육자, 선교사들로 조직된 자문위원회가 생겨 Y운동을 힘차게 밀어주었다는 점이다.[64]

여기에 귀족클럽(Nobility Club)과 상동파(상인과 천민)가 합류하였고, 1904년에는 이상재, 남궁억, 유성제 등 민족 지도자들이 출옥 후 예수를 믿고 YMCA에 입회함으로써 큰 변화가 생겼다. 이들은 Y를 통하여 독립협회와 같은 일을 하려고 하였다.

대체로 1905~1919년까지 청년운동의 역사는 암흑기였다. 그러나 YMCA만은 예외였다. 그 이유는 첫째로, YMCA는 국제기구이므로 국제 문제를 야기할 가능성이 많은 치외법권 지역과 같아서 함부로 건드릴 수 없었고, 둘째로는 1907년 회관을 산처럼 크게 지었으므로 그 영향력도 매

---

62) 서울을 한성이라 하였다. 그후 1897년 10월 12일 국호를 대한으로 바꾸고 국왕도 황제라 부르면서 서울을 한성에서 황성이라 부르기 시작하였다.
63) 대한YMCA연맹, 「韓國YMCA運動史」 (서울 : 路出版, 1986), p. 13. "창설총회는 10월 28일 하오 8시 서울 유니온에서 열렸고, 헐버트가 의장이 되고 게일 목사가 헌장 초안을 낭독하고 통과된 헌장에 정회원 28명, 준회원 9명이 서명하였다."
64) 상게서, p. 14.

우 컸다. 마지막으로 이상재, 윤치호 등과 같은 인물이 있었기 때문이다. 이처럼 다른 청년 운동과는 달리 YMCA만이 1905년부터 발전하게 된 더욱 세부적인 이유는 대원군의 외손자요 고종의 누님의 아들인 조남복이 성경반을 인도하자 일반인들이 의지하고 들어왔기 때문이며, 또 이상재가 사경회, 부흥회 이외에 토론회, 강연회와 같은 방법으로 성경을 가르쳤기 때문이다. 그 이후 1910년에는 이승만이 귀국하여 학생부 간사가 됨으로 전국적으로 퍼지게 되었고, 1914년 전국연합회가 조직되었다. 이것이 오늘날의 YMCA 연맹이다. YMCA는 1910년 이후에도 청년운동으로서 꾸준히 그 역할을 감당하면서 청년교육 사역뿐만 아니라 항일운동의 중심이 되었다. 이처럼 항일운동의 중심지가 될 수 있었던 것은 비폭력, 무저항 정신을 배양한 단체이면서, 민주주의 정신을 배양한 단체이며, 실천교육을 통하여 국민의 실력을 배양하는 단체였기 때문이다.

조선 기독교청년연합회의 목적은 연합회 헌장 2장[65]에 아래와 같이 나타나 있다.

1) 조선 기독교청년회의 연합회는 기관을 작(作)함.
2) 각 학교 및 기타 계급의 조선인을 위한 기독청년회를 조직 및 발달케 함.
3) 연합 위원으로 말미암아 청년회로 하여금 이 연합회를 통하여 일본 기독청년회 동맹과 만국학생 청년연합회로 더불어 연락케 함.
4) 하열(下烈)한 사업을 증진케 함.
　① 기독교를 청년간에 전파하며 또한 피등(彼等)을 인도하야 야소기독(耶蘇基督)을 구주로 믿게 함.
　② 청년의 지덕체(智德體) 및 사교적 행복을 발달케 함.

---

65) 김영철, 전게서, pp. 56-57.

③청년을 인도하야 성부와 성신 삼위일체 상제 내에서 기독교를 성경에 의하야 믿게 하며 또한 야소기독(耶蘇基督)의 신실한 문도로 생활케 함을 목적으로 함.

YMCA는 "젊은이들이 그리스도의 뒤를 따라서 함께 배우고 훈련하며, 역사적 책임의식을 계발하고, 사랑과 정의의 실현을 위하여 일하며, 민중의 복지 향상과 새문화 창조에 이바지함으로써 이 땅에 하나님 나라를 이룩하려는 것"을 목적으로 하였다. 특히 일제하에서는 조국의 광복을 위하여 종교와 교육과 농촌운동 및 소년 척후단 운동에 진력하였는데, 그 사역은 다음과 같다.

1)종교사업으로 일요강좌, 성경연구, 특별 전도
2)공업교육으로 인쇄, 목공, 철공, 제화, 사진
3)외국어교육으로 영어, 독어, 중국어, 에스페란토

이외에도 금주와 금연운동을 비롯하여 보이 스카웃 운동과 물산장려운동을 전개하였다. 그리고 농민 강습회와 고등농민 수양소, 농촌 실습 학교 등을 설립하고 농촌운동을 전개하여 1929년에는 19개 도시에 농민학교를 세웠다.[66]

초기 한국교회에서는 청년들의 사역이 전체 한국교회뿐만 아니라 한국사회에 큰 영향을 끼침으로써 한국사회와 한국교회에 큰 발전을 가져왔다.

---

66) 상게서, pp. 61-62.

제6장
교회 중심의 연합교육사역

새 계명을 너희에게 주노니 서로 사랑하라
내가 너희를 사랑한 것같이 너희도 서로 사랑하라
너희가 서로 사랑하면 이로써 모든 사람이
너희가 내 제자인 줄 알리라(요 13 : 34~35)

제6장

교회 중심의 연합교육사역

교회의 연합교육사역으로는 교사교육, 성경학원, 주일학교위원회, 성경연구반,[67] 문서사역 등을 들 수 있다. 아래에서 한 항목씩 살펴보자.

1. 교사교육

한국에 온 선교사들은 선교정책 중의 하나로 무엇보다도 먼저 교육을 강조하였다. 언더우드는 "초기 선교사들이 제일 먼저 해야만 했던 일은 인재를 양성하는 일이 되지 않을 수 없었다"고 하였다. 그리고 그 이유 중의 하나는 "이미 기독교를 받아들인 사람들을 훈련하기 위함"[68]이라고 하였다. 이처럼 초기 선교사들이 선교정책으로 가장 먼저 성도들의 교육을 강조하면서 한국교회는 초기부터 교육 특히 지도자교육(교사교육)에 큰 비중을 두게 되었다. 그러나 이러한 교육사역은 어느 한 선교부의 단

---

67) 이에 대하여는 3장에서 이미 논의하였다.
68) 이재훈, 전게서, p.66.

독이 아닌 여러 교회의 연합사역으로 시행되었다. 즉, 성경연구반, 성경학원 등의 사역이 지도자교육에 관심을 가지고 있던 선교부의 연합으로 시행되었다.

나아가 총회는 주일학교교육을 강조하기 위하여 주일학교 교사양성을 장려하며 제도를 갱신하였고, 주일학교 대회를 개최하고, 미국의 유명한 강사를 초청하여 특강을 하였으며, 평양신학교에 주일학교 사범과를 개설하였다. 당시 한국에서는 한 기관이 처음으로 주일학교 교사교육 사역을 시작했을 때 그 모임에 최소한 200명이 참석하였다. 그 과정은 3주간 지속되었으며 학생들을 4그룹으로 나누었는데 첫 번째 그룹은 초등부 교사, 두 번째는 중등부 교사, 세 번째는 장년반, 네 번째는 주일학교 지도자 그룹이었다. 1920년에는 각 교회마다 주일학교 교사강습소를 개설토록 했으며, 1924년 제13회 총회에서는 교사 양성반을 개설하여 성경, 심리학, 교수법, 조직법 등에 대하여 72시간의 과정을 이수하게 하였고, 이수한 사람에게는 만민 주일학교 교사자격증과 졸업증을 주었다.[69]

곽안련 박사는 "주일학교 교사"라는 제목의 글에서 교사의 자격과 품위에 대하여 서술하고 있다.[70] 또 그는 "주일학교 조직"에서도 교사의 자격[71]을 말하고 있는데 그 내용은 다음과 같다.

1) 인자한 성격이다. 학과를 교수하여 학생을 감화시키는 것보다 성격으로 학생을 감화시키는 것이 근본 문제이다. 진정한 사랑이 있어 아동에게 동정을 표하며 아동의 애정을 이용하여 그리스도에게 인도하도록 힘쓰는 자.

2) …… 자기에게서 배우는 일반 학생을 다 그리스도 신자가 되도록 열

---

69) *Missionary Review*, Sep., 1919, p. 704.
70) 「신학지남」 5권 2호(23년 4월호).
71) Ibid., pp. 64-66.

심히 하는 자.
3) 교사 자기의 책임에 대하여 헌신하고 그 직분을 중히 여기는 자.
4) 성경에 대한 지식이 정밀하고 풍부하여 해석에 능한 자.
5) 교사가 된 이상에는 아동교수법을 이해하여야 할지니 아동의 심리적 상태와 성질 여하를 알아서 선량한 방면으로 인도할 것이다.
6) 교사는 심리학을 의지하여 자신이 담임한 반의 아동 연령과 지식 정도를 자세히 연구하여서 아동의 심리상태를 이해하고 그 욕망을 살펴 이해한 후에야 능히 성공할 수 있는 것이다. 만일 우리가 심리학을 모르고 덮어놓고 교수하면 그 교수는 하나님과 성경을 존중히 여김이 아니요 도리어 경홀히 여기는 것이 될 것이다.
7) 교사는 자기의 교수직은 천직이요 가장 중대한 일인 줄 깨달아 무엇보다도 즐거운 성심으로 실행할 것이다.
8) 자기가 교수하는 아동뿐 아니라 모든 아동의 영혼을 맹렬한 열심으로 구원하려는 성의가 있는 자.
9) 가급적 만국주일학교에 관련한 일과 조직과 지도법을 이해하며 자신이 담임한 부의 특별 관계를 아는 상식이 있어야 할 것이다.

그는 또한 교사양성법[72]에 대하여도 말하고 있다.
1) 사경회 때나 성경학원에서 성경을 잘 공부하게 함으로 주일학교 선생 되는 첫 자격을 준비하게 할 것이니 심리학과 교수법을 잘 알아도 성경에 무식하면 주일학교 선생 되기에는 크게 부족한 것이다.
2) 매주일 가르칠 공과를 준비하는 회가 있어야 할 것이요 그 회는 토론식으로 하고 강연식으로 할 것이 아니다. 그 준비회 시간은 좀 길

---

72) Ibid., pp. 69-71.

게 하여 절반은 예비공부를 하고 반은 교수법에 대한 주의와 실제문제, 교수학과 심리학을 잘 깨닫도록 가르칠 것이다.

3) 세속학교에서와 같이 주일학교에서도 그 교수를 감독함이 있어야 할 것이니, 교사들을 매주일 그 반에서 교수하게 한 후에 교수법에 익숙한 교장이나 종교교육 지도자가 각 반을 순찰하다가 주의시킬 점을 발견하거든 비밀히 지도하며, 또한 준비회에서 실지 비평교수를 때때로 하여 참고케 할 것이다.

4) 이따금 강습회, 토론회를 함이 유익하니 세속학교 교사는 직업적으로 하나 주일학교 선생은 직분적으로 흥미를 가지고 할 것이다.

5) 한국 예수교장로회총회 종교교육부에서 주일학교 교사 양성과를 두었으니 교사와 교사 될 자로 이 양성과를 공부하게 하고 성경상식을 얻기 위하여 종교교육부에서 하는 성경통신과도 공부함이 유익할 것이다.

6) 종교교육부에서 정한 교사 양성과와 같은 참고서를 사서 교사로 일년간 적어도 두세 권의 책을 읽도록 하는 것이 좋을 것이다. 한국 주일학교 교사 양성과목은 6종으로 정하였는데 심리학, 교수법, 성경, 관리법, 조직법, 특별과 등이다.

7) 본 교회에서 계속적으로 특별 과목을 정밀히 가르치는 회를 조직하고 공부시킬 것이니 도시에서는 여러 교회가 합력하여 실행할 수 있을 것이다.

한국교회는 선교 초기부터 지도자양성 특히 주일학교 교사양성에 관심을 가지고 있었다. 그리하여 교사교육을 강조하였는데 각 교회에서, 교단 총회에서, 그리고 신학교에서 교사교육에 관심을 가지고 시행하였다.

2. 성경학원[73]

　교회 중심의 연합교육 사역의 두 번째로 성경학원을 들 수 있다. 성경학원은 교회의 부흥이 빨라짐에 따라 선교사들이 한국인 지도자를 양성할 필요성을 강하게 느끼면서 시작되었다. 이러한 필요성은 마포삼열 선교사의 글에 잘 나타나 있다.[74] 마포삼열 목사는 1911년 9월에 다음과 같은 결의안을 선교연합공의회에 제출하였다.

　"한국교회의 급격한 발전과 함께 지금까지 성경연구반(Bible Training Class)을 시행하여 왔으나, 이제는 좀더 완전하고, 온전하며, 조직적인 성경교수를 할 기관을 필요로 한다. 좀더 나은 성경연구와 교육을 사람들에게 제공하지 않고는 교인들의 수와 전도 및 영적 뜨거움을 유지하기란 어렵다. 그래서 우리는 수많은 회심한 사람들의 계발과 유지를 위하여 성경학원(Bible Institute)을 설립하기로 하였다. 공의회의 결정은 다음과 같다.

1) 교회의 지도하에 있는 사람들에게 성경을 가르치는 일은 선교사역에서 가장 중요한 일이다. 이는 교회로 하여금 전도사역을 준비하게 하는 사역 중에서 가장 중요한 부분이다.
2) 과거 25년간 한국에서의 선교사역 경험에서 볼 때 사람들이 그리스도를 고백하여 믿음의 삶을 살도록 함에 있어 성경을 직접 가르치는 것이 가장 효과가 있음을 알 수 있다.
3) 생각 이상으로 많은 사람들이 성경을 배우기를 원한다. 그들 중의 수백 명은 성경을 배우기 위하여 먼 거리에서 걸어오며 수천 명이 스스로 비용을 부담하여 성경학원에 참석한다.

---

73) 이재훈, 전게서, p. 75.
74) Wilbert White, "The Need for Bible Schools in Korea", 1912 Feb., *Missionary Review*.

4)사람들은 자기 자신의 영적 성장을 위하여 그리고 아직도 그리스도의 복음을 모르는 수많은 사람들을 가르치기 위하여 배워야 한다.

이렇게 시작된 성경학원의 목적은 ①개인의 성경지식과 교양을 위하여 ②교사나 전도사가 되어 농촌교회나 주일학교에서 전도하여 가르치기를 원하는 이들로 더욱 철저히 훈련을 받게 하기 위함이었다.

또한 성경학원의 유형은 주일학교 교사양성 중심, 주일공과를 가르침, 지방교회 지도자 양성, 목회자 준비과정의 네 가지 유형이었다.

3. 주일학교연합회[75]

주일학교연합회의 전신이라 할 수 있는 주일학교위원회는 1905년 선교연합공의회 내에 조직되었다. 그 목적은 1)기독교교육을 주로 하는 선교회의 선교사 간의 친목과 2)주일학교교육을 위한 교재로 통일공과를 편집하는 것이다. 교재 이름은 「주일학교 공부」였다.

미국에서 발간된 월간지 「Missionary」[76]에 게재된 "Korean Sunday School Association" 제하의 기사를 보면 "연합회가 구성되어서 최근에 교회로 나오기 시작한 수천 명의 한국인 성도들과 주일학교를 보살피게 되었다. 예를 들면, 어떤 주일학교는 35명의 출석에서 정규적으로 800명이 출석하는 주일학교로 성장하였다. 그러나 사역을 감당할 만한 선생들의 숫자는 충분하지 못하다. 선교사들도 기독교 교리와 역사를 가르치는 한국인 목사들과 함께 사역하려고 모였다."라고 말한다.

---

75) 이재훈, p. 30.
76) 1908년 10월호, p. 304.

선교계통의 월간지 「The Missionary Survey」[77]의 "Korea's New Sunday School Association"의 기사를 보면 1922년 11월에 조선주일학교연합회가 결성되었다고 말한다. 그 슬로건은 '조선을 그리스도에게로 모든 사람을 주일학교로(Korea for Christ Everybody in the Sunday School)'이다. 새로 출범한 주일학교연합회의 사업내용[78]으로는 ①주일학교 교재를 편찬하여 전국교회 주일학교 교사에게 공급한다. ②아직 미개척 분야로 있는 하동기(夏冬期) 성경학교 운동을 개척, 지도한다. ③아동 교양도서(잡지 포함)를 간행하여 한국 청소년들의 종교와 정서교육에 힘쓴다. ④주일학교의 제도와 기구를 학문적으로 연구하여 한국교회 주일학교의 발전을 도모한다 등이다.

주일학교 교재 중에서 조선주일학교연합회가 발간한 정기간행물[79]로는 「주일학교통신」(1923. 10~?), 「주일학교잡지」(1925. 봄~1929. 12), 「아이생활」(1926. 3. 1~1944. 4. 1), 「주일학교신보」(1929. 1), 「종교교육」(1930. 1. 1.), 「SS 연합회보」(1933. 7.) 등이 있다. 그리고 하기 성경학교 운동[80]은 1923년 보빌 박사가 세계 하기 아동성경학교 총무의 자격으로 한국기독학생회 간사를 통해 하기 성경학교를 지도하도록 하였다. 1925년에는 조선주일학교연합회 안에 하기 아동성경학교 실행위원회를 조직하고, 1926년에는 감리교 한석원 목사를 하기 아동성경학교 전담간사로 채용하였으며, 1928년에는 감리교 김형식 목사를 주교연합회 하기 아동성경학교 총무로 취임케 하여 전국 교회에 하기 아동성경학교를 지도, 보급하게 하였다.

---

77) 1923년 6월호, pp. 406-407, "Editorial".
78) 윤춘병, 전게서, pp. 131-132.
79) 상게서, p. 136.
80) 상게서, pp. 133-134

1922년은 조선에서의 주일학교 사역에 있어 기억될 만한 해였다. 그 이유는, 첫째로, 주일학교 전진운동(the SS Forward Movement)이 조선 전역에서 열광적으로 전개되었고, 둘째로, 조선주일학교연합회 내에 조선주일학교위원회가 재조직되었기 때문이다.

당시의 주류 교단은 장로교회, 북감리교회, 남감리교회 등 세 교단이었는데 이들은 각기 주일학교 전진운동을 펼치고 있었다. 1921년 봄에 조선주일학교위원회가 이들 세 교단에게 권하여 1921년 가을에는 그들이 연합하여 전(全)조선 주일학교 전진운동을 시작하였다. 이때부터 전 한국 주일학교 대회가 열렸고, 이 대회 전에는 각 지역별 대회를 열었다. 정확한 통계는 알 수 없으나 최소한 3,500개소 이상의 주일학교에 275,000명 이상이 주일학교에 출석하였다.

4. 문서사역[81]

문서 사역으로 성경 번역, 찬송가 발행, 신문 발간, 주일학교 교육도서 출판, 그리고 잡지 창간을 들 수 있다. 각각을 차례대로 살펴보자.

성경번역

1880년에 스코틀랜드 선교사 존 로스(John Ross)와 존 메킨타이어(John McIntyre)가 두 사람의 한국인(서상륜 포함)과 함께 만주 목단에서 성경 번역을 시작하였다. 그리하여 1882년에 스코틀랜드 성서공회의 후원으로 마가복음과 사도행전이 간행되었고, 1887년에는 「예수 셩교젼셔」곧 로

---

[81] 예수교서회, '대한기독교서회 100년 약사', 이덕주, 「기독교사상」 1990. 6. 34권 6호 통권 378.

스 역 신약전서가 완역되어 대영 성서공회에서 3,000부를 발행하였다. 같은 시기에 일본에서도 한국인의 손으로 성경이 번역되었다. 1880년 고종의 명령으로 일본 유람단의 일원으로 동경에 간 홍문관 교리(弘文館 敎理) 이수정(李樹庭)이 야스가와(安川亨) 목사의 지도로 1883년 4월 기독교로 개종하여 요코하마 주재 미국 성서공회 총무 헨리 루미스(Henry Loomis) 목사의 후원으로 중국어 성경의 복음서를 한글로 번역하였다. 그리하여 1884년 초에「신약 마가전 복음셔 언히」가 요코하마의 미국 성서공회를 통하여 1천부 출판되었다. 아펜젤러와 언더우드가 이 성경을 가지고 한국에 들어왔다. 그러나 이 두 번역은 문체와 어휘가 너무 어려워 1887년 선교사들이 한국성서 개역위원회를 조직하였고 다시 마가, 누가, 요한복음서를 개역하여 발행하였다. 1906년에는 한글 최초의 공인역 성경이 출판되었다. 1910년 4월에는 구약 번역이 완성되어 1911년에 출판되었다. 이는 영어 성경에 의존한 번역으로 원문에 충실하지 못하여 다시 개역위원회가 조직되어 1937년에 새로운 개역판이 나왔다.

찬송가 발행

한국에서 발행된 첫 찬송가는 1893년 장로교 선교사 언더우드가 서상륜, 최명오의 협력을 얻어 만든「찬송가」이다. 감리교에서는 아펜젤러가 최병헌, 김인식의 협조를 받아 1896년「찬미가」를 출판하였다. 1908년에는 장로교, 감리교 양 교파의 연합공의회에서 합동으로 찬송가를 출판하였다. 성결교는 1911년「복음가」를 만들었고, 1919년에 개정판으로「신정 복음가」를 출판하였다.

신문 발간

최초의 교회신문은 1897년 2월 2일 감리교 선교사 아펜젤러에 의하여 발간된 「죠선 감리교회보(the Methodist Christian Advocate)」이며 이는 1899년까지 발간되었다. 다음으로는 장로교의 언더우드 선교사에 의하여 발간된 「죠선 그리스도인 회보(Korean Christian Advocate)」로 1899년부터 1905년 6월까지 발간되었다. 이 두 신문은 주간지로서 한국 최초의 신문인 「한성순보」(漢城旬報)보다 16년 뒤에 발간되었으나 그 체제와 내용이 「한성순보」보다 뛰어났으며, 보도의 사명과 문화적인 계몽을 잘 수행하였을 뿐 아니라 그리스도의 진리를 사회에 널리 보급하는 데 공헌하였다.

두 신문은 1905년 7월 1일 연합하여 「그리스도 신문(the Christian News)」이라는 명칭으로 예수교서회에서 발간하였다. 그리고 1907년 12월 3일 격주간지로 바뀌면서 「예수교신보(the Church Herald)」로 명칭을 바꾸어 1910년 2월까지 발간되었다. 이어 폐간하고 각 교파별로 신문을 발간하였는데 장로교에서는 「예수교 회보(the Christian News)」를, 감리교에서는 「그리스도 회보(Korean Christian Advocate)」를 격주간으로 발간하였다. 다시 1915년 12월 12일 장로교와 감리교가 합하여 「기독신보(The Christian Messenger)」를 1937년까지 계속 발간하였다.

주일학교 교육도서 출판

1905년 주일학교위원회가 선교연합공의회 안에 조직되면서 주일학교 교육을 위한 교재로 「주일학교 공부」가 출판되었다. 이후에 조선예수교서회가 출판한 「기독신보」에 종교 교육란을 두어 주일학교 교육에 관한 원고를 실었으며, 1920년 초에 주일학교 교육을 위한 참고서들이 본 위원회를 통하여 간행되었다. 주일학교 교육사업은 1922년 서울 종로의 성서공회에서 조선주일학교연합회가 조직되어 이후 13년간 한국 주일학교 교육사업은 황금시대를 맞이하였다.

잡지 창간

기독교 잡지의 효시는 1889년 5월 아펜젤러에 의하여 창간된 「교회」로 약 10년간 계속되었다. 1905년에는 언더우드 부인 주간으로 「The Korean Mission Field」를 발간하여 선교사업의 내용을 해외에 전하였다.

신학지(神學誌)로는 1916년에 양주삼 주간으로 감리교 신학교에서 출간한 계간지 「신학세계(神學世界)」를 들 수 있다. 장로교 신학교에서는 1918년에 계간지 「신학지남(神學指南)」을 발간하기 시작하였는데, 이 두 잡지는 1940년 두 신학교가 폐교될 때까지 계속 발행되어 한국 신학의 기초를 다져왔다.

제7장
일제하 한국교회의 상황

이러므로 우리가 하나님께 쉬지 않고 감사함은
너희가 우리에게 들은바 하나님의 말씀을 받을 때에
사람의 말로 아니하고 하나님의 말씀으로 받음이니 진실로 그러하다
이 말씀이 또한 너희 믿는 자 속에서 역사하느니라(살전 2:13)

제7장
일제하 한국교회의 상황

7장에서는 한국에 대한 일제의 정책과 나라 안팎의 시대적 상황을 살펴보면서 한국의 교육적, 교회적 상황이 어떠했는가에 대해 살펴볼 것이다. 나아가 그 당시의 시대적, 교육적, 교회적 상황 속에서 교회교육, 특별히 주일학교 운동이 어떻게 이루어져 갔는지에 대해 살펴볼 것이다.

1. 시대적 상황

3·1운동 후에 일본의 한국정책은 '유화정책'이었다. 일본은 유화정책으로 문화정책을 실시하였는데, 이는 어디까지나 형식적이고 일시적인 유화책에 불과한 것이었다.[82] 그러한 증거로 첫 번째는 헌병경찰의 폐지를 표방하였다. 즉, 군인이 임명되던 총독에 문관(文官)이 임명될 수 있다고 하였으나 1945년까지 그 예가 없었으며, 헌병경찰제도 대신 보통경찰제

---

82) 이기백,「韓國史 新論」(서울 : 一潮閣, 1967), pp. 370-371.

도를 채용하겠다고 했으나 경찰과 경찰기관의 수는 오히려 확대되고, 감옥과 사상범도 증가되었다. 두 번째로, 조선어 민간신문의 허가였다. 언론통제의 완화로 언론, 집회, 출판 등에 대하여 질서 공안의 유지를 방해하지 않는 한 한글신문 간행을 허락한다고 하였으나, 검열을 통해 더 엄격히 통제하였다.[83] 그들은 또한 공립학교를 통하여 식민정책을 정당화하고 주입시켜 나가는 한편, 경제적으로도 착취를 가속화하였다. 당시 국제적 상황도 숨가쁘게 움직이고 있었다. 1931년에는 만주사변으로 만주제국이 수립되었다. 또한 1935년에는 신사참배를 강요하였을 뿐만 아니라 1937년 중일전쟁과 한국민에게 '황국신민 서사'의 복강을 강요하였다. 1938년에는 일어상용화를, 나아가 1940년에는 창씨개명을 강요하였고 「동아일보」,「조선일보」를 폐간시켰다. 1941년에는 진주만을 기습하였다. 세 번째로 교육을 보급시켜 일본인과 같은 수준으로 올린다고 하였으나, 한국인의 지적인 향상을 원하지 않아 실업교육을 해야 한다는 것이 초대 총독 사이또(寺內正毅)의 주장이었다.[84]

---

83) 이만규, 「조선교육사 II」 (서울 : 거름, 1988), pp. 166-168.
84) 이기백, 전게서, p. 372.

취학자 수(1925년)

학교		학생수	인구萬명당 비율	비율비교
초등학교	한국인	392,832	206.53	1
	일본인	59,859	1,240.43	6
남자 중등학교	한국인	5,443	2.86	1
	일본인	4,490	101.26	35
여자 중등학교	한국인	705	0.38	1
	일본인	5,690	128.32	337
실업 학교	한국인	4,831	2.54	1
	일본인	2,843	64.12	25
사범 학교	한국인	1,696	0.86	1
	일본인	625	14.95	16
전문 학교	한국인	439	0.23	1
	일본인	676	15.24	63
대학 예과	한국인	71	0.04	1
	일본인	233	5.25	131

일제하의 국내외 상황이 이러했던 반면 한국의 지도자들은 문화운동을 벌였다. 문화운동을 벌이게 된 이유는 먼저 일본이 유화정책의 일환으로 문화운동을 할 수 있게 하였기 때문이다. 그러나 무력투쟁(3·1운동)도 실패하고 1920년 미국의원단 내한과 1922년 워싱턴 회의에 걸었던 외교적 노력도 실패로 돌아가자, 한국의 지도자들은 기독교세의 확장이라는 내적 성숙과[85] 민족정신을 함양하는 장래를 위하여 문화운동으로 눈을 돌리게 된 것이다.

문화운동의 내용으로 첫 번째는 언론문화 운동이다. 「동아일보」(1920), 「조선일보」가 앞장을 섰는데, 이는 민중들의 적극적인 지지를 얻어 민족해방운동에 커다란 공헌을 했다. 또한 「기독신보」가 창간되었다.[86] 장로교와 감리교의 연합으로 발행되었는데, 내용이 처음에는 종교, 신앙 중심이었으나 3·1운동 후에 사회적인 기사도 게재하여 탄압을 받았다. 운영난으로 2개월간 휴간 후 1937년에 폐간되었다. 또한 선교사들은 선교를 위하여 교육사업과 의료사업, 그리고 출판사업 세 가지를 병행하였다. 그 중에서도 출판사업은 한국인들을 상대로 하는 것과 현지 선교사들을 위한 것, 그리고 선교사를 파견한 나라의 교회를 상대로 하는 것으로 나누어 활발히 전개하였다.[87] 문화운동의 내용으로 두 번째는 순수한 문화운동이다. 강렬한 민족의식의 뒷받침으로 학술(국어, 국사학), 문학, 예술(연극, 영화, 음악, 미술)운동이 활발하였다. 세 번째로는 교육운동이다. 철저한 민족의식을 바탕으로 사설 강습소, 야학회 등이 크게 성황하였다. 이러한 교육운동은 개화운동 직후의 신 교육열을 능가하는 수준이었다. 교

---

85) 이덕주, 「서회 100년사」, p. 89.
86) 「기독교사상」, 1990 6월호, 34-36면, 378호, 정진석 <기독신보>와 한국의 언론문화, pp. 138-147.
87) 백낙준, 「한국개신교회사」, pp. 150-151.

육을 실시하게 된 이유는[88] 국민을 계몽하여 세계를 밝혀줌이 선교의 첩경이며, 정부의 포교금압정책을 둔화시킴에 효과적일 뿐만 아니라 구국차원과 개화, 진보를 위하며, 나아가 국력의 부강을 위해서였다. 네 번째로는 사회운동이다. 대한민국 애국부인회의 부인운동, 방정환의 '색동회', 조철호의 '소년 척후단'의 소년운동, 연희전문학교의 '물산장려회', 전진환의 '협동조합운동' 등의 경제독립운동이 있었다. 마지막으로는 조선공산당 운동, 민족통일전선과 같은 민족운동 등이 있었다.

2. 교육적 상황

1919년 12월에 일제는 고등보통학교와 여자고등 보통학교의 규칙을 개정하였다.[89] 규칙의 내용은 교육연한을 연장하고, 한국어를 필수과목으로 하며, 한국인과 일본인의 공학을 허용하고, 새로이 사립학교와 대학설치를 허락[90]한다는 것이었다. 1922년에는 제2차 조선교육령[91]을 내렸고, 1936년에는 미나미(南次郎)의 교육정책을, 1937년에는 황국신민의 서사를 초등학교와 중등, 일반학교에 강요하였다. 1938년에 제3차 조선교육령을 내리면서 소학교를 국민학교로, 고등보통학교를 중학교로 개칭하였고, 한국어를 쓰지 못하게 하였을 뿐 아니라 궁성요배, 신사참배를 강요하였으며, 성경과목을 폐지시켰다. 1943년에는 수업연한을 단축시키면서 "황국의 도에 따른 국민연성(鍊成)"을 기본정신으로 하는 제4차 조선교육령

---

88) 이만열,「문화운동사」, p. 47.
89) 김인수,「한국 기독교교육사」, p. 162.
90) Ibid., pp. 74-75.
91) Ibid., pp. 166-168.

을 내렸다. 1945년에는 전시교육령을 내리면서 학도대를 편성하기에 이르렀다.

3. 교회적 상황

1885년 후 급격히 성장하던 교회와 교회교육은 1910년의 한일합방, 1911년의 105인 사건 등으로 약해지기 시작했다. 그러나 1919년 3·1운동 때 핵심인물 33인 중 16인이 그리스도인이었을 정도로 그 이후 다시 교회는 민족운동의 중심으로 드러나게 되었다.[92] 교회 안에서도 교육에 큰 관심을 가지고 있었는데, 주일학교연합회가 1924년에 조선기독교연합회로 결성되는 변화와 발전이 있었다. 그러나 곧이어 다시 시련이 다가왔다. 1925년 이후의 경제공황과 아울러 일제의 경제 착취정책으로 많은 사람이 만주로 이주해 가거나 생활고 때문에 교회에 출석할 수가 없어서, 많은 시골 교회가 문을 닫게 되었다. 또한 이광수의 교회에 대한 비평이나 공산주의자들의 비평과 공격으로 한국교회는 어려움에 직면하게 되었다.

이러한 시련에 대응한 교회의 움직임도 활발하였다. 이러한 대응의 첫째로 교회 지도자들은 교회에 농촌부를 설치하여 농촌경제 발전을 위하여 노력하였다. 둘째로 「농촌세계(農村世界)」를 발간하였고, 셋째로 신우회와 중앙진흥회가 발족되었다. 넷째로 YMCA와 기독교학교에서 농촌운동이 일어났다. 마지막으로 교회 내에서는 주일학교 운동이 조직되었다.[93] 그러나 1930년대에 새로운 시련이 다가왔다. 1938년 신사참배가 가결되면서 이에 동조하지 않던 평양신학교가 폐교되었다. 1943년에는 '조선예

---

92) 채기은, 「한국교회사」, p. 85.
93) Ibid., p. 87.

수교장로회총회'가 '장로교연맹'으로 탈바꿈하기에 이르렀다. 1945년 모든 교단이 '조선기독교단'으로 통합되었고, 더 나아가서는 '일본 기독교단 조선연맹'으로 통합되었다.[94] 이러한 외적 시련과 함께 교회 내적인 분열과 갈등도 심각하였다. 그 당시 박형룡 대 김재준 신학논쟁, 김영주의 창세기 모세 저작권 부인, 김춘배의 여권(女權)에 대한 자유주의적 해석 등 교회의 분열과 갈등은 신학사조가 그 중심문제였다.

4. 교회교육

한국교회는 짧은 역사를 가지고 있다. 그럼에도 불구하고 빨리 부흥할 수 있었던 것은 중요한 역할을 한 세 그룹이 있었기 때문이다.[95] 첫 번째는 조상숭배에 대한 경외심과 두려움을 지닌 전형적 동양인의 특성을 지닌 한국인이다. 두 번째로는 성경 중심으로 토착화 교회를 만들기 위해 협동했던 선교사들의 노력이다. 마지막으로는 일본인이다. 일본인의 한국 정복이 불교와 신도(神道) 때문에 우상숭배가 심해진 것과 공창(公娼), 주류 판매 등 많은 부정적인 영향을 미쳤지만, 일요일을 정식 공휴일로 정하였고, 생명과 재산의 안정을 가져다 주었으며, 한국교회가 법적 인정을 받고 교단 재산권을 보장받을 수 있는 긍정적 영향도 미쳤다.

주일학교 지도자들은 주일학교 교육을 통해 백성을 개조하고, 교회를 확장함으로 한국을 낙원으로 만들려는 야심을 갖고 있었다. 이렇게 된 이

---

94) Ibid., p. 110.
95) S. L. Roberts, "Fifty Years of Christian Training in Korea", in *The Fiftieth Anniversary Celebration of the Korea Mission of the Presbyterian Church in the U. S. A.*, June 30-July 3, 1934, pp. 117-118.

유로는 먼저 3·1운동 후에 교육으로 민족을 깨우치려는 생각과 이는 주일학교교육을 통하여 가능하다는 믿음 때문이었다. 또한 한일합병 후 다소 성장이 둔화되었으나 3·1운동 뒤 다시 상승세로 돌아선 한국교회의 성장 속도로 볼 때 이것이 가능할 것 같았다. 마지막으로 한국 주일학교 운동에 자극을 준 세계 주일학교 운동 지도자의 꿈이었다. 즉 주일학교를 통하여 세계를 기독화하자는 것이었다.

이렇게 주일학교가 강조되었고 그 강조점이 점차 장년에서 어린이에게로 옮겨졌다. 더욱이 1922년 11월에 주일학교위원회가 조선주일학교연합회로 발전되면서 주일학교에 대한 관심이 더욱 커졌다. 주일학교는 1924년까지는 선교사 중심이었고, 1925년에는 한국인과 선교사가 함께하다가 1926년 이후에는 한국인이 주도하였다. 이와 같이 토착화되어 가던 주일학교의 특징은 네 가지로 요약할 수 있다. 먼저 교재출판이다. 1911년 이전까지는 미국의 통일공과를 수정하여 사용하였으나 1927년부터 부별 계단공과를 출판하였다. 1933년부터 본문, 요절을 미국에서 가져다가 우리 손으로 작성하여 출판하였다. 이때 공과는 철저히 성경 중심적이었으며, 쉽고 흥미있게 하였다. 두 번째로는 동화와 노래가 강조되었다. 그리고 부활절, 감사절, 성탄절 등의 특별절기 행사가 많은 영향을 끼쳤다. 세 번째로는 시상제도로 우승반, 모범반을 시상하였다. 네 번째로는 어린이 심리학이 강조되었다. 즉, 주일학교 심리학에 관한 책을 출간하고 교사강습회 때 심리학 강의가 있었다.

그러나 1938년 이후부터는 지교회 주일학교교육이 거의 마비되었다. 그 이유는 먼저 일제가 주일학교 지도자의 활동을 항일투쟁으로 여기고 제재를 가하여 주일학교교육 지도자들의 활동이 제한을 받게 되었기 때문이다. 두 번째로 공과책의 인쇄가 중단되어 교재를 구할 수가 없게 되었다. 세 번째로 주일학교 교사들이 징용이나 징병에 끌려감으로 가르칠 교사가 없었다. 네 번째로 평남에서는 한 면(面)당 1교회로 강제 병합시켜 주일학교와 교회가 멀어 제대로 운영할 수가 없었다. 그후 1947년 새문안교회에서 재건총회가 열리기까지 주일학교 활동이 쇠퇴하였다.

제8장
교회교육의 내용

내가 보니 모든 완전한 것이 다 끝이 있어도
주의 계명은 심히 넓으니이다
내가 주의 법을 어찌 그리 사랑하는지요
내가 그것을 종일 묵상하나이다(시 119 : 96~97)

제8장

교회교육의 내용

1920년부터 활성화된 교회 교육의 내용으로는 주일학교 대회, 주일학교 공과, 하기 아동성경학교, 확장주일학교, 성경교육, 기타 특수 기독교 교육과정이 있다.

1. 주일학교 대회

1920년 동경에서 제8회 세계 주일학교 대회가 개최되었다. 이 대회는 원래 1916년 일본 동경에서 회집될 예정이었으나 제1차 세계대전으로 무기 연기되었다가 전쟁이 끝나자 4년 후인 1920년에 일본에서 회집된 것이다. 여기에 한국 대표는 공식적인 참석을 거부하고 비공식적인 개인자격으로 44명이 참석하였다. 이 대회를 전후하여 각국 대표 약 300명이 7회에 걸쳐 한국을 방문하여 서울, 평양, 개성, 대구 등지를 순회하면서 주일학교를 지도하였다.

그 결과 1921년 11월 서울에서 제1회 조선 주일학교 대회가 개최되었다. 목적[96]은 첫째, 전조선 주일학교 당사자의 열정을 환기하며 동노자(同勞者)의 우의를 증진케 하고 둘째, 주일학교 전문가의 발표를 통하여 각 교파 주일학교와 협력하여 사회에 종교교육 사상을 보급하는 것이었다. 강의과목으로는 각 교파의 특별문제, 주일학교 진흥문제, 이야기법(동화구연), 각파의 조직, 예배, 주일학교 조직과 설비, 학생과 교사, 영아부의 조직, 아동심리학, 특별강연 등이 있었고, 대회중의 행사로는 전람회, 관광, 음악회, 연주회, 활동사진회, 환영회, 주일학생 대회, 순회강연 등이 있었다. 이때 YMCA, 태화 여자관, 승동교회당, 감리교 중앙예배당에서 2,000여 명이 참석하였다. 그리고 조직적인 상설 연합기구의 필요성이 대두되어 1922년에 조선주일학교연합회가 탄생하였다. 이 연합회는 10개 교파 혹은 단체의 대표 27명으로 구성되었고 그 밑에 교육부, 실행부, 편집부, 재정부, 검열부, 통계부 등 6개의 분과위원회를 두었다. 4년마다 주일학교 대회를 열기로 결의하고 1933년까지 제4회 전 조선 주일학교 대회가 열렸다. 그러나 1937년 10월 6~13일 선천에서 열릴 예정이었던 제5회 전 조선 주일학교 대회가 시국관계로 무기한 연기되면서 주일학교 운동도 전쟁의 분위기 속으로 빠져들게 되었다.

2. 주일학교 공과

주일학교 공과는 1911년 이래로 만국통일공과를 출판하여 사용하였다. 그러다가 1925년부터는 만국공과 외에 성경공과를 포함하여 출판하기로

---

96) 윤춘병, 전게서, pp. 124-125.

결정하고 시행하였다. 1926년부터는 부별 계단공과가 출판되었다. 1924년에는 주일학교 교사양성공과가 출판되었는데, 이 과정은 성경 12시간, 심리학 12시간, 교수법 12시간, 조직법 12시간, 특별과 12시간, 인도법 12시간으로, 총 72시간을 공부하고 시험에 합격하면 조선 주일학교 교사의 자격을 주었다. 또 72시간을 더 공부한 사람에게는 만국 주일학교 교사의 자격과 졸업장을 주었다.

1931년에는 장년과 유년을 위하여 만국통일공과를 발행하였고, 선생용 참고서와 유년부, 초등부, 소년부, 중등부용 만국부별 계단공과를 발행하였다. 또한 확장주일학교용 공과 세 가지를 발행하였다.

1935년에 감리교회는 별도의 교재를 편찬하여 사용하다가 1938년 장감 양 교파가 공과를 반씩 분담하여 편찬하기로 하고 발행하였으나, 상하반기 공과 편집자가 달라서 통일되지 않은 면도 있다. 그러나 같은 해 6월 임시총회를 마지막으로 조선주일학교연합회가 해체되면서 장로교는 집필진을 따로 구성하게 되었다. 또한 '국가 총동원법'(1938)에 따라 총독부 도서과에서 도서 출판을 전면적으로 통제함으로써 공과 간행사업도 약화되었다. 이렇게 어려운 상황 가운데서도 공과만은 계속 발행되었는데, 이는 그만큼 교회교육을 중요시하였기 때문이다.

3. 하기 아동성경학교(Daily Vacation Bible School)

'하기 아동성경학교'의 원래 명칭은 '방학(휴가) 성경학교'였다. 명칭이 바뀌게 된 것은 실제로 당시 한국 어린이들에게 방학(휴가)이라는 단어는 의미가 없었기 때문이다. 우리나라 하기 아동성경학교의 기원은 1922년 서울 정동교회에서 교사 5명과 학생 100명으로 시작한 데 있다.

1922년도 정동제일교회 구역회록에 "권사 김은식 씨 보고에 하기 아동성경학교를 금년 처음으로 개시하였던 바 성적이 양호하여, 평균 출석하여 수업한 생도가 200명에 달하였다고 한다"[97]고 기록되어 있다. 같은 해 서울중앙 YMCA에서도 아동성학회라는 이름으로 같은 프로그램을 시작하였고, 다른 8개 교회에서도 하기 아동성경학교를 열었는데 이후 7~8년간 크게 부흥하였다. 그 구체적인 수치는 다음[98]과 같다.

〈하기 아동성경학교 통계〉

연 도	학 교	교 사	학 생
1924	96	790	11,000
1925	256	1,960	24,692
1926	311	2,246	29,403
1927	183	1,583	17,450
1928	411	2,688	35,832
1929	459	3,130	38,763

1923년에는 더욱 확장되어 이화학당 학생들에 의하여 32개의 여름학교가 운영되었다. 1926년에는 10명의 조선주일학교연합회 대표와 세계방학성경학교(DVBS) 대표로 구성된 실행위원회에 의하여 전개되었다. 교육기간은 거의 4주간이었다. 취학 연령 아동 수 450만 중에서 교육받는 아동 수가 60만에 이르면서 하기 아동성경학교는 그 당시 매우 큰 중요성을 지닌 교육이었다. 그 목적은 문맹퇴치, 성경교수, 학교에 다니는 청년 남녀들이 하기 방학에 잘못된 길로 빠지기 쉬우니 이를 방지한다는 의

---

97) 은준관 「정동교회 90년사」, p. 183. 윤춘병, 전게서, p. 132에서 재인용.
98) 상게서, p. 133.

미에서의 추락방지였다. 정책은 다음과 같다.
1) 학교의 기간은 4주간을 최고 한도로 한다. 일과는 오전 8시 혹은 8시 30분부터 3시간만 교수하고 오후는 운동이나 경기 혹은 遠足(소풍)하는 것이 좋음.
2) 협동의 정신으로 임한다. 경영방책은 다음과 같다.
　①서적을 참고할 것(예 : 하기 아동성경학교 관리법)
　②흥미를 붙이는 남녀후원자를 얻을 것
　③하기 아동성경학교가 무엇인지 일반 교우에게 알게 할 것
　④금년 하기 아동성경학교를 위하여 교회 직원과 목사에게 승락을 얻을 것
　⑤여름 동안 교수할 청년 남녀 선생을 택하여 승락을 얻을 것
　⑥諸位들의 요구하는 참고서와 교안을 작성하여 미리 求得할 것
　⑦열심 있는 선생들을 가까운 하기 아동성경학교 강습회에 참석하게 할 것
　⑧교회 교우들에게 경비가 다소 필요함을 각오하게 할 것

참고서적에는 다음과 같은 것들이 소개되었다.
1) 조직용 : 하기 아동성경학교 관리법, 하기 아동성경학교 교사 참고서
2) 초등부용(유치부 = 4~5세, 초등부 = 6~8세) : 하기 아동성경학교 교안(초등부용), 초등과 성경이야기, 하기 성경학교 수공, 초학언문, 언문첩경, 유년찬송가, 유치원 창가
3) 소년부용(9~11세) : 하기 아동성경학교 교안(소년부용), 아동성경력사, 하기아동성경학교 수공, 유년찬송가, 성경암송, 하기 아동성경학교 교안(소년부용 제2).
4) 중등부용(12~14세) : 하기 아동성경학교 교안(중등부용), 모범적 생활

이야기, 생명의 길, 성경문답 교안, 아동성경력사, 성경암송, 소년 찬송가, 예수행적 문답

5) 고등부용(15세 이상) : 생명의 길, 요한복음 공과, 오백문답, 아동성경력사, 성경암송, 성경강요

통계 : 1922년에서 1942년까지의 하기 아동성경학교 통계는 다음과 같다.

연도	학교수	교사수	학생수
1922	1	5	100
1923	46	154	3,000
1924	96	790	11,000
1925	258	1,948	24,637
1926	311	2,246	29,404
1927	183	1,583	17,370
1928	411	2,688	35,832
1929	459	3,130	38,763
1930			67,190
1931			100,485
⋮	⋮	⋮	⋮
1937	740	4,296	86,953
1938	1,606	4,545	58,799
1939	586	3,516	46,919
1940	523	3,128	44,135
1941	460	2,603	37,452
1942	188	768	12,034

4. 확장주일학교(Extension Sunday Schools)

확장주일학교란 교회의 주일학교 교사들이 그 지역에서 가까운 교회가 없는 지역에 가서 주일학교를 세우는 것을 말한다. 이렇게 시작된 확장주일학교는 선교사들의 기록에 따르면 1921년 이전부터 실시되었다.[99] 1924년 남감리교회 조선 연회록에서는 확장주일학교에 대해 기록했는데, "장정 385단에 의하야 교인 10인 이상 집회처마다 유년주일학교를 설립할 것, 단 교회가 無한 곳에는 확장주일학교를 설립할 것"이라고 하였다.

5. 성경교육

성경교육의 유형은 크게 네 가지로 나뉜다. 첫 번째로는 성경연구반이다. 성경연구반은 다시 모든 교회에서 남녀 교육반, 지역반, 선교지부, 노회차원 반으로 나뉜다. 두 번째로는 성경학원이다. 세 번째로는 여자 고등 성경반이다. 여자 고등 성경반은 베스트(Miss Margaret Best)가 교장으로 1928년 평양에서 개교하였다. 목적은 교회와 선교지에서 주를 위하여 섬길 여성들을 위한 사전교육의 실시였다. 전 과정은 3년으로 신약, 구약, 성경개론, 교회사, 교리, 주일학교 사역, 개인사역과 복음 찬송의 교육과정으로 구성되었다. 3년 과정 후에는 성경학원, 목사보조, 교회나 병원이나 벽지에서 전도하는 것으로 진로가 결정되었다. 네 번째로는 신학교(남성)이다.

이는 수년간 성경연구반의 시행과 많은 조사 끝에 평양중앙교회에서

---

99) *Korea Mission Field*, 1921, 7, p. 139.

두 명의 장로를 세운 후, 목회사역을 위해 훈련과 교육을 따로 해야겠다고 느끼게 되면서 시작되었다. 1900년에 허가를 받고 1901년 1월 김종섭 장로, 방기창 장로 두 사람이 목회 후보자로서 5년간의 과정을 시작하였는데 마포삼열 목사와 그레이엄 리(Graham Lee) 목사가 가르쳤다. 그후 1904년에는 5년 과정이 정식으로 승인되었다. 1907년 9월 17일 신학교 명칭으로 "the Presbyterian Theological Seminary of Korea"를 채택하였다. 1914년에는 196명이 등록하여 최고 등록수를 보였으며, 교수진도 6명의 정규교수와 7명의 보조교수로 재구성되었다. 1921년에는 과정이 변경되어 수업연한이 3년으로 되었다. 입학자격도 높아져 갔다. 매년 봄 목사들이 한 달간 연수를 위해 모였고, 매년 가을에는 시간이 있는 사람들을 위해 두 달간의 post-graduate과정이 제공되었다. 그리고 3년 후 시험을 통과하면 학위(졸업장)를 주었다.

그리고 신학교는 목사와 교사들의 교육사역을 위하여 6주 내지는 1년 혹은 2년 과정의 '기독교 교육과'(Christian Religious Education)를 설치하였다.

6. 기타 특수 기독교 교육과정

위에서 설명한 교회교육 외의 특수한 교육으로는 다음과 같은 것들이 있다.

교사교육

대회, 학원, 통신교육과정 등을 통하여 교사교육을 시행하였다.
교인들의 성경지식, 믿음과 성품을 온전히 세우기 위해서는 많은 교사들이 배출되어야 한다. 여기에 성경학원은 많은 공헌을 하였다. 장로회 기독교 교육위원회(Presbyterian Board of Christian Training)의 후원 아래 교사교육원(Teacher Training Institutes)이, 한국주일학교연합회 후원 아래 대회(conventions)들이 매년 여러 곳에서 30회 정도 열렸다.

여기 참석자 수는 50~800명이었으며, 학생, 교회직원, 그리고 주일학교 교사들을 위한 모임은 매년 여름에 있었는데 가장 유용한 모임이었다. 교과목으로는 주일학교 조직, 교육학, 심리학, 교사성경과정이 있었다.

성경통신과정(Bible Correspondence Course)

이는 스왈렌(Rev. Dr. W. L. Swallen) 목사가 시작하고 조직하였으며, 교회에서의 성경지식 교육에 큰 공헌을 하였다. 그 목적은 성경에 대한 해박한 지식의 습득에 있었다. 아무리 성경을 많이 배웠어도 성경을 읽지 않으면 아무도 합격할 수가 없었다. 하지만 쉬운 편이어서 주의 깊게 1~2회 읽으면 합격할 수가 있다.

방학성경학교(Daily V.B.S.)

이는 한국주일학교연합회(Korea Sunday School Association)의 후원 아래 실시되었는데 과거 20년간(1915~1934) 출석률에서나 그 결과인 아동들의 삶에서나 성공적이었다.

여름 성경학교(Summer Bible School)

주일학교연합회, 장로회 기독교 교육위원회와 연관이 되어 있다. 이 사역의 근거는 "성경, 중생의 필요성, 구속의 실재와 효율성, 그리고 그리스도인의 성품의 개발을 위한 필요성"이었다. 나이 든 소년, 소녀들을 위해 Post-graduate 교사교육 프로그램이 있었다. 미국 SBS연합회 설립자인 라

뎀 박사(Dr. A. L. Lathem)는 이 사역에 물질적인 도움을 주었다.

선교부의 방침은 성경교육의 시행을 위한 노력뿐 아니라 모든 교육을 지속적으로 실시하고 필요와 능력에 맞추려고 노력하였다. 이러한 성경 중심 교육은 특정한 계절, 기관, 방법만이 아니라 가능한 모든 방도를 강구하였다.

제9장
성경구락부 사역

주의 모든 계명이 의로우므로
내 혀가 주의 말씀을 노래할지니이다
내가 주의 법도를 택하였사오니 주의 손이 항상
나의 도움이 되게 하소서(시 119 : 172~173)

제9장

성경구락부 사역

중기 곧 일제 치하의 한국 교회 교육의 한 형태로 성경구락부 사역이 있다. 성경구락부는 엄밀한 의미에서 교회교육기관(Church-centered school)이라기보다는 교회부설 교육기관(Church-sponsored school)이라고 할 수 있다.

성경구락부는 미국 연합장로교에서 한국선교사로 임명받은 권세열 (Francis Kinsler) 목사에 의해 1929년(아마도 1930년 1~2월경의 겨울) 평양에 있는 광문서점(Christian Bookstore)에서 초등교육을 받지 못한 불우한 청소년을 대상으로 시작하였다. 그후 급속도로 성장하여 1931년대에 1,500명의 학생이 1936년에 가서는 5,000명으로 증가하게 되었다.[100]

성경구락부의 창시자 권세열은 왜 이와 같은 운동을 시작해야만 했고, 어떠한 결과로 인해 이 같은 급속도의 성장을 가져오게 되었으며, 그가 착안한 문제점이 무엇인지를 찾아 분석해 보고자 한다.

---

100) 권세열, 「지도요강」(서울 : 대한 청소년 구락부, 1959), pp. 7-8.

1. 교회적인 형편

1885년 4월 언더우드와 아펜젤러가 이 땅에 복음을 들고 상륙한 후 기독교는 빠른 속도로 한국인의 심성속에 파고 들어 새로운 문화권을 형성하기에 이르렀다. 실제로 1895년에 교인 수가 530명이었던 것이 1907년에는 26,057명으로 증가하게 되었다.[101] 당시 평양의 인구를 4~5만으로 추산한다면 평양 기독교인 수는 14,000여 명에 달해 거의 3분의 1 이상이 기독교인이라는 놀라운 결과를 보여준다.[102]

교회의 꾸준한 성장으로 1929년도에는 장로교의 교인 수만도 21만 이상을 헤아리게 되었다. 이러한 교회의 발전과 더불어 1890년에 시작된 유년주일학교는 1930년에 학생수가 36,239명에 달했다.[103] 이 같은 급속도의 교회 발전은 교회로 하여금 봉사와 교육의 필요성을 실감하고 이 일을 착수하게 하였다.

2. 교육적인 형편

교회 발전상과는 달리 국가가 경영하는 학교 이외의 사립학교는 기독교 학교이건 그 외의 학교이건 일대 혼란을 겪지 않으면 안 되게 되었다. 점차 심해지던 학무당국의 탄압정책은 마침내 노골화되어 1911년에는 종래의 사립학교법을 개정하여 감독권을 일층 강화하였다.

1915년 3월에는 사립학교법을 대폭 개정하여 사학을 그들의 손아귀에

---

101) 민경배, 「한국교회사」 (서울 : 대한기독교서회, 1974), p. 182.
102) 상게서, p. 182.
103) 문동환, "한국교회교육사", p. 47, 「한국기독교교육사」 (서울 : 대한 기독교교육협회, 1974).

장악하려는 노골적인 수법을 썼다. 이보다 좀더 노골적으로 학무당국의 인가 없이는 사립학교 운영이 불가능한 경지에 이르렀다.[104]

학무당국의 이 같은 탄압정책이 해를 거듭함에 따라 사학의 본래적인 사명 완수가 불가능하게 되자 사학은 점차 쇠락하게 되었다. 1910년에 778개교였던 사립학교는 1915년에 이르러 450개로 감소되었고, 1920년에 이르러는 279개로 줄어들었다.

1928년 총독 산리(山梨)가 기독교 학교의 탄압을 목적으로 유교 윤리를 강조하였으며 좀더 노골적으로 기독교 학교의 사상 감시 및 일반 사립학교 감시 정책을 폈다. 이러한 수법의 결과로 마침내 1929년 광주학생사건이 일어났다.[105]

이러한 상황 아래서 학교 교육의 혜택은 극히 제한된 특권층에게만 주어졌고, 서민층의 자녀들은 교회가 경영하는 야학이나 또는 공식화되지 않은 교회 내에서 경영하는 국민학교 등을 찾게 되었다.[106] 이와 때를 같이 하여 성경구락부 운동이 태동하게 된 것이다.

3. 경제적인 형편

성경구락부 창시자 권세열은 당시의 경제 형편을 다음과 같이 서술하고 있다. "그 당시 이 땅에는 교회에 나오지 않을 뿐 아니라 가정의 형편이 너무 어려워서 일반 정규학교에 가지 못하는 불우한 처지의 청소년들이 수없이 많았다. 이리하여 평양의 시내에는 밤이나 낮이나 할일 없이

---

104) 오천석, 「한국신교육사」 (서울: 현대 교육양서 출판사, 1964), pp. 262-263.
105) 상게서, pp. 324-325.
106) 상게서, p. 108.

거리에서 놀고 있는 자들이 언제나 눈에 띄었다. 이 같은 불행한 광경을 볼 때, 믿음의 가정에서 태어나 매일매일 안정된 삶을 살아가는 어린이들보다 이 버림받은 불우한 소년소녀들을 도와서 지도해야겠다는 생각이 떠오르게 되었다."[107] 경제적인 형편과 연관 지어 성경구락부의 태동이 필연적이었음을 보여주고 있다.

이상에서 간략하게 살펴 본 성경구락부의 태동 요인을 요약하면, 첫째, 교회의 성장과 부흥으로 인한 교육과 봉사에 대한 관심, 둘째, 학무당국의 탄압과 문교정책으로 정규학교가 위축을 당하자 비정규학교 설립이 요청된 점, 셋째, 경제적 어려움을 겪고 있는 이들의 구제요청 등이 운동 설립을 재촉한 요인들이라 분석된다.

이러한 요청을 수락한 20대의 젊은 선교사 권세열은 1929년 평양의 종로거리 광문서림 이층에서 여섯 명의 아이를 모아 놓고 그리스도의 온정을 베풀기 시작한다. 이것이 성경구락부 운동 최초의 태동이었다.[108] 처음에는 야간학교 프로그램이었으나 학교건물, 시설, 교사의 자격 등이 기준에 미치지 못하여 정규 허락을 받지 못하였다. 하지만 종교의 자유가 공적으로 허용되어 있었기 때문에 성경을 가르치는 것은 허용되었다. 그래서 이름도 '성경구락부'라 하였다. 그 당시에는 성경을 교과서로 사용하여 기본교육 즉, 3R을 하도록 교육과정을 만들었다.[109]

교육의 목적은 국민학교, 중등학교 과정을 교육할 뿐 아니라 종교교육과 종교생활을 훈련시켜 이상적인 인격을 형성하는 것이었다. 교육사상은 누가복음 2장 52절(예수는 그 지혜와 그 키가 자라가며 하나님과 사

---

107) 권세열, 전게서, p. 8.
108) 상게서, p. 7.
109) Harry A. Rhodes and Archibald Campbell, *History of the Korea Mission Presbyterian Church in the U. S. A. Vol. II 1935–1959*(N. Y. : Commission on Ecumenical Mission and Relations The United Presbyterian Church in the U. S. A., 1964), p. 316.

람에게 더 사랑스러워 가시더라)과 신명기 6장 5절(너는 마음을 다하고 성품을 다하고 힘을 다하여 네 하나님 여호와를 사랑하라)에 근거하고 있다. 다시 말하면, 원만한 그리스도인의 육성과 인간성의 계발이 그의 사상의 근본이다. 좀더 구체적으로 말하자면 그의 교육 원리는 예수모방, 생활훈련, 자치훈련, 단체생활이라고 할 수 있다. 대한청소년 성경구락부에서 발행한 월간지인 「지도자」에서는 청소년 교육방침의 네 가지 기본원리[110]를 다음과 같이 서술하고 있다.

1) 그것은 소년 예수를 본받게 하는 교육방침이다.
2) 우리들은 모든 생활 전체를 위한 교육방침을 가지고 있다.
   예수를 본받아 : 지혜가 자라가며(지육생활)
   　　　　　　　키가 자라가며(체육생활)
   　　　　　　　하나님께 사랑스러워 가시더라(종교생활)
   　　　　　　　사람에게 사랑스러워 가시더라(사회생활)
3) 우리들의 교육방침은 학생들의 교육적 활동을 중심으로 힘쓰고 있다. 우리 모두는 행함으로 배우고, 교육은 생활을 위한 훈련인 것이다. 우리는 걸음으로써 걷기를 배우고, 말함으로써 말하기를 배우고, 피아노를 쳐 봄으로써 피아노 치기를 배우는 것이다.
4) 우리들의 교육방침은 분단활동을 통해 학생들을 훈련하려고 힘쓴다. 우리 인간 생활은 거의 전적으로 다른 사람과의 관계에서 살아가게 되는 것이다. 그래서 우리들은 기독교인으로서 어떻게 사회접촉을 합당하게 할 수 있는지 배워야 하는 것이다.

성경구락부 운동의 발전은 크게 4시기 즉, 제1시기의 초창기 개척 구락부(1929~1934년), 제2시기의 성장기 개척구락부(1935~1949년), 제3시기

---
110) 성경구락부 운동, 「지도자」, 1967, 3, pp. 7-8.

의 해방 후 청소년 구락부(1949~1959년), 제4시기의 부흥기의 중고등 구락부(1960년 이후)로 구분할 수 있다. 각 시기의 발전 내용을 살펴보자.

제1시기(1929~1934)

최초의 구락부는 '개척구락부'란 명칭을 사용하였다. 처음엔 야간이었으나 많은 사람들의 호응으로 낮에도 모였다. 성경구락부의 출발은 거지 아이 여섯 명, 빌린 이층 방, 부부교사뿐이었고, 아무런 교구나 시설물도 없이 인간애의 발로로 마음과 마음이 부딪치게 되어 이들의 관심을 끌게 되었다. 매일 밤 모일 뿐 아니라 친구들을 데리고 온 것을 봐서 성공적인 발전이 계속되었던 것을 알 수 있다.

발전에 발전을 거듭하여 한 겨울을 지나고 났을 때는 더 이상 수용이 곤란한 지경에 이르게 되었다. 그리하여 확장을 서둘러 마침내 선교부 내에 위치한 평양성경학교 건물 사용을 승낙받아 운동을 확대하기에 이르렀다. 1930년 가을에는 300여 명의 소년들로 확대되었다.

야간공부(최초의 구락부)는 '개척구락부'란 명칭으로 명명되었고 수년 동안 그 명칭을 사용하였다. 시간의 경과에 따라 야간구락부의 평이 기대 이상으로 좋아져서 지금까지 소년들에게만 실시하던 개척구락부 교육을 소녀들에게도 실시하게 되었으며, 신앙생활과 배움의 길을 열어 주기 위해서 낮에도 모여 배우기로 했다.[111]

무산 아동을 위한 개척구락부는 급속히 발전하여 평양성경학교, 여자 성경학교, 신암, 서성리, 영창리 등 평양 시내의 여러 교회에서 구락부를 설립하게 되었다. 이러한 조직의 확대로 인하여 대두된 문제는 이들과 새로 조직된 개척구락부에 출석하는 불우 청소년들을 지도할 지도자들이었다.

---

111) 상게서, p. 7.

그러나 이 같은 좋은 뜻을 이해한 숭실전문학교 교장의 호의로 인력지원을 받아 활기차게 일을 해 왔으며 뒤를 이어 평양신학교와 여자고등성경학교 학생들이 이 봉사에 참여케 되었다. 이들의 참여, 교회의 호응, 소년, 소녀들의 배움에 대한 열망이 이 사업을 확대시켜 1934년에 이르러는 1,500여 명의 소년, 소녀의 부원을 확보할 수 있게 되었다.[112]

제2시기(1935~1949)

이 시기에는 '개척구락부'가 '성경구락부'로 명칭이 바뀌었고, 특히 성경구락부가 크게 발전하였다. 그 이유는 첫 번째로 평양의 학교에 그리스도인 학생들이 많았고 이 엘리트들이 지도자로 활동하였기 때문이며, 두 번째로 당시 한국 어린이의 대부분이 너무 가난하여 학교에 갈 수 없었기 때문에 보통교육을 받을 수 없어 그 교육을 성경구락부가 대신하였고, 세 번째로 교회의 성장과 부흥으로 인한 교육과 봉사에 대한 관심이 커졌을 뿐만 아니라, 네 번째로 총독부의 한국 식민지 정책에 의하여 정규 미션스쿨이 위축되어 비정규학교 설립이 필요하게 되었기 때문이다. 그러나 1938년 일본 총독부가 신사참배를 강요하여 구락부가 폐쇄되었으며 권세열은 귀국하였다. 1930년대에 있어 성경구락부 운동이 성공적인 발전을 가져온 데는 다음 몇 가지 요인으로 집약된다.

첫째는 이 운동이 복음의 역동성에 기초를 두었고 복음 정신에 의한 사업이었기 때문이며, 둘째는 권세열 선교사의 집약된 관심으로 발전이 가능하였다고 보며, 셋째는 지도자들을 당시 엘리트들로 선택하였다는 점을 들 수 있다. 신후식, 강신명, 안광국, 김광현, 김양선, 방지일, 김성주, 송영길, 박윤삼, 윤명식, 박창목, 황선희 목사 등은 한국교회의 지도자층에 속하

---

112) 상게서.

는 분들이다. 넷째, 구락부의 형태가 클럽 형태였고 내용도 소박하고 단조로웠으며, 이들의 쌓인 울분을 발산시킬 수 있는 곳이 된 동시에 인간애를 느낄 수 있었기 때문이며,[113] 다섯째로 실천을 통하여 의미를 느낄 수 있는 프로그램이었기 때문이다. 이론은 빈약하고 조직과 체제는 다소 허술하더라도 그 안에 흐르고 있는 살아 있는 그리스도의 정신은 교육받은 대로 행할 수 있는 힘을 주었다. 그리하여 야간구락부 학생들은 종교, 지육, 체육, 봉사, 생활 중 봉사의 생활 실천을 위하여 평양역에 나가서 몇 사람씩 조를 편성하여 나이 많은 어른들의 짐을 받아 남학생은 지고, 여학생들은 이고 목적지까지 가져다 드리고, 길을 안내하였다. 또한 겨울철 선창가 판잣집 안에서 차디찬 추위를 견디는 자들을 찾아 옷을 벗어 주는 등 배운 그대로 사는 생활을 하여 4대 생활을 몸소 실천하였다.

제3시기(1949~1959)

다시 세 시기로 구분된다. 곧 재건기(1949~1953년), 원리 적립기(1953~1955년), 확장기(1955~1959년)이다.

재건기에는 1949년 권세열의 귀국과 함께 장로회신학교 학생들의 노력으로 구락부가 재개되었다. 당시 신학생과 성경학교 졸업생들이 지도자가 되어 활발한 구락부 운동을 펼쳤고, 미연합장로교 주한 선교회에서 재정적인 후원을 결정하였다.

원리 적립기는 목표, 교육이념, 지도원리, 제도 등이 확립된 시기이다. 구락부는 원래 단순한 클럽 형태의 운동으로 누가복음 2장 52절에 의거한 생활훈련이었다. 그러나 6·25를 통하여 구락부 운동이 절실히 요구되고 부원들이 많아지자 조직적인 훈련목표와 내용, 방법이 필요하게 되었

---

113) 문동환, "한국의 교회교육사"「한국기독교교육사」, (서울 : 대한기독교교육협회, 1974), p. 46.

다. 그리하여 다양한 원리들이 나왔는데, 대표적인 원리들은 다음과 같다.

권세열은 청소년 성경구락부의 교육이념[114]을 세 가지로 제시하고 있는데 그 내용은 첫째, 인격 중심의 교육이다. 즉, 예수 그리스도와 그의 인격 안에서 아동들을 훈련시키며 이를 통하여 예수의 생활과 그의 인격을 본받도록 하여 원만하고 인격적인 삶을 살게 하는 것이다. 둘째로는, 생활 중심의 교육이다. 이는 곧 성경구락부는 교육목표를 종교, 지육, 체육, 봉사와 같은 4대 생활의 실천에 둔다는 것을 의미한다. 셋째, 학생 중심의 교육이다. 성경구락부에서의 모든 학습과정은 학생들의 자발적인 참여로 이루어진다. 그 이유는 이러한 자발적인 참여를 통해 학생들의 소질을 개발하고 적극적인 태도를 기르며, 자신감과 책임감을 함양하고 그리스도인으로서의 자유와 민주시민으로서의 자신을 키워주기 위함이다.

성경구락부는 이러한 교육이념에 근거하여 아홉 가지의 지도원리를 제시한다. ①예수의 네 가지 생활 위에 기초한 기독교교육을 실시하고, ②청소년들로 하여금 예수 그리스도를 믿고 원만한 그리스도인이 되도록 지도하며, ③누가복음 2장 52절과 10장 27절을 표어로 삼아 교육한다. ④교육은 종교, 지육, 체육, 봉사의 4대 생활을 훈련시키도록 조직하고, ⑤청소년과 소녀들의 생활훈련을 중심으로 삼으며, ⑥기독교적인 자주성, 책임감, 협조성과 민주적인 정신을 함양한다. ⑦남녀, 빈부, 신, 불신(信, 不信)을 상관치 않고 모든 청소년들에게 최선의 기독교교육을 행하고, ⑧초등, 중등, 고등학교에 해당하는 기독교교육 체제를 내포하며, ⑨한국교회의 감독과 지도를 받아 교육을 한다.

구락부의 제도로는 첫째, 성경구락부 운동은 교회 내에서 성장하는 모든 연령의 청소년들에게 있어야 할 원만한 기독교적 생활을 훈련시키는

---

[114] 킨슬러, '성경구락부 교육원리', 「지도자」, 1968, pp. 7-8.

운동이다. 둘째, 초등부는 초급 정도의 그리스도인의 생활훈련을 소년, 소녀에게 베풀어 교회와 사회와 개인생활에 기초적인 지도를 받게 한다. 과정은 4단계로 4년간 취급된다. 셋째, 중등부는 교회와 사회와 개인생활에 있어서 중견적인 지도를 받게 한다. 과정은 3단계로 3년간 취급된다. 넷째, 고등부는 지도적인 훈련을 받게 한다. 과정은 3단계로 3년간 취급한다. 다섯째, 지도자 훈련부는 성경구락부 지도자로서의 자질을 훈련시키기 위하여서 성경구락부 고등부를 수료한 자와 동등한 자격이 있는 자로 사명감을 받은 자격 있는 자에게 성경구락부 지도자로서의 훈련을 시킨다. 과정은 2단계로 2년간 취급되며 초급 사범대학 정도이다.

확장기에는 수적인 증가와 원리의 체계화가 이루어졌다.[115] 1950년대에 성경구락부 운동은 국가적 차원에서도 절대성을 가진 교육운동이었다. 1953년도 우리나라 국민학교 아동의 취학률은 겨우 73%였으며, 이들을 수용할 시설마저 충분하지 않아 한 교실에 100여 명의 학생을 수용하는 데다 3~4부제 수업을 하는 등 많은 문제점을 안고 있었기 때문이다.[116]

이런 환경 가운데서 미취학아와 연령 초과자들을 부분적이지만 교회를 중심으로 교육해야 할 필요성은 충분하였다. 그래서 권세열의 구락부 운동을 효과적으로 수행할 방법을 모색하는 가운데 다음 사항들이 착안되었다.

첫째로 지부의 조직 확대이다. 지부의 조직은 지부장, 총무, 고문, 지부위원 등으로 구성하여 그 지역의 구락부를 지도, 육성, 감독하는 일과 구락부 사업에 관한 경과 사항을 지역 노회에 보고하며, 본부와 밀접한 유대관계를 가지고 본부의 의도를 잘 살려서 운동을 효과 있게 전개하려는

---

115) 1954 16개 지부, 초등구락부　671개처, 지도자　1,823명,　부원수 69,208명
　　　1955　17(+1)　　　　　　　696(+25,)　　　 1,846(+23,)　　　 70,654(+1,446)
　　　1956　17　　　　　　　　　613(-83,)　　　　1,545(-301,)　　　47,182(-13,472)
116) 이봉구, "기독교학교교육사", 「한국기독교교육사」(서울 : 기독교교육협회, 1974), pp. 80-81.

목적으로 출발되었다.

둘째로는 순수한 구락부 정신에 입각한 교육운동을 편 것이다. 1950년대에서 풍기는 인상은 지도요강에 제시되어 있는 구체적인 제시, 즉 목적, 원리, 방법 등이 변질되지 않은 채 생명력을 발했다는 점을 들 수 있다.

셋째로 본부의 주도적 역할을 들 수 있다. 모든 운동의 원리를 창안하고 행정 체제를 적립하여 효과적 방법을 강구한 점 등은 참으로 이 운동을 효과 있게 진전시키는 데 큰 힘이 되었다.

넷째로 선교부의 재정적 후원과 해외의 협력이다. 이미 50년대에 선교부의 위원회 가운데 성경구락부 특별위원이 매년 7명씩 선정되어 선교활동을 펴온 점과 빈곤 속에 처해 있는 구락부들을 적은 물질이지만 재정적으로 후원할 수 있었다는 점, 해외로부터 온 구제품, 구호 급식품 등을 구락부를 위해 사용한 점은 큰 용기와 격려가 되었다.[117]

다섯째로 교회의 협력이었다. 당시의 구락부 중 90% 이상이 교회당을 사용하고 있었으며, 구락부 운동을 위하여 재정적인 투자를 하고 이 일에 종사할 젊은 남녀 지도자를 지원한 점을 들 수 있다.

여섯째는 김득렬 박사를 비롯한 많은 분들이 권세열 박사를 도와 희생적인 봉사와 더불어 원리 확립을 위해 노력하였다.

성경구락부 운동은 계속 발전하면서 성장해 왔으나, '급변하는 사회 안에서 어떻게 운동을 효과 있게 펴가야 하는가?'라는 문제점은 권세열에게나 이 사업에 종사하고 있는 이들의 큰 관심사가 아닐 수 없었다. 그래서 정지된 구락부, 안주하고 있는 방주가 아니라 무한히 미래를 향해서 목적 성취를 하고자 노력해 왔던 흔적을 찾을 수 있다.[118]

---

117) 권세열, 「지도요강」(서울 : 대한 청소년 성경구락부, 1955), p. 10.

제4시기(1960 이후)

1955년 초등부원 70,654명을 절정으로 국민학교 과정은 점차 줄어들었다. 6·25 후 사회가 점차 안정되어 갔고, 교육계가 차츰 기능을 발휘하여 1959년부터는 초등학교 의무교육이 실시되었기 때문이다.[119] 그래서 권세열과 동역자들은 1953년 이래 중고등 구락부를 위한 새로운 원리와 지도방법을 계속 마련하여 갔다.

그러나 이렇게 구락부가 이론과 원리들을 정립하여 발전해가는 과정 중에도 문제점들이 있었다. 첫 번째 문제점은 재정이었다. 구락부가 해외 성도의 헌금, 권세열 자신의 보조, 협동위원회의 보조 등으로 운영되었으나, 1970년 이후는 협동위원회의 예산감축으로 예산이 전체적으로 감소되었다. 따라서 1973년도 이후 지부가 일체 보조를 중단하게 되었다.

두 번째 문제점은 권세열의 원리에 입각해서 훈련받은 지도자가 부족해졌다는 점이다. 재정난으로 지도자훈련을 계속 시키지 못하여 결국 지부는 이름만 지니게 되었고 제 기능을 다하지 못하였다. 지도자들의 3세대가 되어서는 성경구락부의 본질과 이념이 희미해져서 차츰 일반학교를 모방하게 되었다.

세 번째 문제점은 상황의 변화에 있다. 처음에는 무산 아동들을 대상으로 한 운동이었으나 경제의 안정과 교육의 제도적 개혁으로 점차 상황이 어려워지게 되었다. 1959년에 의무교육 실시로 구락부의 방향 전환이 불가피해졌고, 1970년 중학교 무시험 진학제도 등으로 교육적 상황이 변하였다. 한 시대에 한국교회와 국민들에게 성경을 깨우치고 글을 깨우쳐 주던 성경구락부는 결국 쇠퇴할 수밖에 없었다.

---

118) 김득렬, '전도와 교육을 위한 성경구락부 운동',「지도자」(서울 : 대한 청소년 성경구락부, 1957, 3), pp. 12-15.
119) (예) 1953년 초등학교 취학률 73% → 1960년 95.3%

제10장
후기 한국교회 교육사

하나님의 말씀은 다 순전하며
하나님은 그를 의지하는 자의 방패시니라
너는 그 말씀에 더하지 말라 그가 너를 책망하시겠고
너는 거짓말하는 자가 될까 두려우니라(잠 30 : 5~6)

제10장
후기 한국교회 교육사

1945년 해방은 한국인들에게 사회적으로 새로운 소망과 기대를 가져다 주었다. 이와 마찬가지로 해방은 한국교회와 주일학교 운동에도 새로운 기회가 되었다. 해방 후 교회는 먼저 교회 재건에 착수하면서 주어진 사명을 수행하였다. 그러나 신사참배를 거절한 출옥성도와 그러지 못했던 성도 간에 충돌이 생기고, 김재준과 박형룡의 신학논쟁으로 기독교장로회가 분파되었을 뿐만 아니라 신비주의적 종파가 나타나는 등 많은 어려움도 뒤따랐다. 이번 장에서는 이러한 시대적 상황에 따라 변화된 주요 교단별 교육상황을 살펴보고자 한다.

1. 교단별 교육상황

여기에서는 해방 이후 각 교단의 교회교육에 대하여 간략히 살펴보고자 한다.

예수교장로회(합동)

예장합동의 해방 이후의 교회교육은 다음 11장에서 자세히 다룰 것이므로 여기에서는 해방 이후의 시기를 특징에 따라 혼란기, 갈등기, 발전기, 그리고 도약기로 세분화하여 간략하게 살펴보고자 한다.

(1) 혼란기(1945~1951)

해방이 되었으나 사회와 교회의 혼란 그리고 6·25 동란으로 말미암아 교회교육은 제대로 시행될 수 없었다. 이 기간 동안의 중요한 교육에 관련된 일들을 살펴보면, 먼저 1947년 새문안교회에서 김관식 목사의 주선으로 주일학교 재건운동이 일어났다. 1948년 3월 23일 제2회 총회에서 '조선주일학교연합회'라는 명칭을 '대한기독교교육협회'로 개칭하였다. 그러나 그 이후 6·25 한국동란으로 기독교교육 운동이 제대로 시행되지 못하였다. 그러다 제32회 총회에서 조선신학교가 총회 직영이 될 것을 결의하고 나아가 대학령에 의한 신학교가 되었다. 제35회 총회에서는 조선예수교장로회를 대한예수교장로회로 변경하고 장로회신학교를 총회 직영 신학교로 하였다. 제36회 총회에서 조선신학교와 장로회신학교의 직영을 취소하고, 총회 직영 신학교를 신설하였다.

(2) 갈등기(1951~1967)

갈등기는 기장, 고신, 통합과의 분열로 말미암아 교육에 관심을 크게 기울이지 못한 시기이다. 1963년에는 '한국기독교교육연구회'를 중심으로 주일학교 발전 요인인 교사 양성을 위하여 미국 교사양성협회의 교재를 번역하고 편집하여 교사 양성 통신강좌를 발행하였다. 또한 주일학교 교사를 위하여 「교사의 벗」을 발행하고, 어린이교육에 필요한 보조교재를 만들었다. 이와 함께 연구세미나를 개최하여 교회교육의 질적인 향상을 도모하였다.

(3) 발전기(1967~1980)
이 시기에는 주일학교 교육을 위하여 계단공과를 완성하였다. 계단공과의 완성으로 주일학교 교육에 획기적인 전환점을 맞게 되었다.

(4) 도약기(1980~현재)
제67회 총회에서 총회교육지침(이념, 목적, 목표)을 결의하고, 주교교사 통신대학을 개설하였다. 1994년에는 새 공과를 편집하면서 본 교단의 교육이념과 교육목적, 그리고 교육목표를 재정립하였다. 재정립된 여러 지침 중 대표격으로 교육목적을 살펴보면 다음과 같다.

"하나님의 부르심을 입은 그리스도인들로 하여금 정확무오한 하나님의 말씀인 성경과 천지만물의 주인이신 삼위일체 하나님을 알게 하고, 특히 개혁주의적인 기독교 세계관을 바로 정립하여 교회와 세상의 모든 활동의 영역에서 예수를 닮은 성숙한 그리스도인으로서의 삶을 살도록 하는 것이다."

1994년 이후 예장합동은 교회교육의 가장 중심이 되는 새 공과를 새롭게 편찬하여 출판했을 뿐만 아니라 여름성경학교, 겨울성경학교의 교재를 출판하기 시작하였고, 또한 새 공과의 보충자료집도 발행하기 시작했다. 이러한 발전은 교육부 내에 교육개발원을 설치하여 기독교교육 전문가들로 하여금 교단의 교회교육에 전념하게 한 결과이다.

예수교장로회(통합)
예장통합의 기독교교육 역사는 일곱 시기로 나누는데 그중 해방 이후는 제5기 이후가 해당된다. 제5기는 재건기로서 해방 이후부터 1950년대

말까지인데, 조선주일학교연합회가 재조직되고 그 명칭도 대한기독교교육협회로 바뀌면서, 세계통일공과를 출판·보급하는 등 주일학교 연합운동에 새로운 활력을 불어넣은 시기이다. 제6기는 반성과 도약기로서 1960년이며 새로운 기독교교육 이론을 소개하면서 학문적 활동의 뿌리를 내리기 시작한 시기이다. 제7기는 성장기로서 기독교교육 이론의 정립과 함께 커리큘럼 개발에 따른 교육자료(계단공과)들이 출판되고 전문 인력의 개발이 제도적으로 정착되어 가는 시기[120]이다. 예장통합의 교육이념은 존 칼빈의 좌우명이었던 "오직 하나님께만 영광"(고전 10:31)을 근간으로 삼아 1972년에 다음과 같은 목적[121]을 총회가 채택하였다.

"기독교교육의 목적은 성령을 통하여 모든 사람으로 하여금 예수 그리스도 안에서 자기를 계시하시는 하나님의 실재와 구원하시는 사랑을 경험함으로 예배와 순종으로 그에게 응답하고, 나아가서는 자기를 알고, 우주와 자연 및 자기가 처하여 있는 사회와 역사의 의미를 깨달아 성경말씀으로 생활하며 그리스도와 같은 품격으로 성장함으로써 그의 몸 된 교회의 선교와 연합의 역군이 되어 소망 가운데 하나님의 사랑과 정의에 터한 사회 건설의 사명을 수행할 수 있는 능력을 발전시켜 주는 일이다."

여기에 나타난 교육목적은 '기독화' 곧 '제자화'이며, 복음 자체가 교육의 기초로 인식되며, 성령이 기독교 학습과정의 결정적인 환경요소이다. 이는 1958년 미국의 NCC의 기독교교육목적 즉, "신앙 안에서 응답, 하나님의 자녀로 성장, 사람들과 의미 있는 관계를 맺고, 세상에서 제자직을 수행하는 일"과 매우 유사[122]하다. 1950년대와 1960년대까지 예장

---

120) 고용수, "대한예수교장로회(통합)의 기독교교육사", p. 96, 한국기독교교육학회, 「한국교단의 기독교교육사」 (서울: 한국장로교출판사, 1999).
121) 상게서, p. 99.
122) 상게서, pp. 99-100.

통합 측은 하나의 공과책으로 유치부로부터 초등학교 6학년까지, 또는 중학생까지 함께 사용하였다. 교단에서 통일공과의 문제점[123]을 몇 가지로 분석하였다.

①통일공과는 어린이의 경우 1학년부터 6학년까지 한 권의 공과만 가지고 사용한다.
②여러 교파에서 공과 집필자가 나오므로 우리 교회가 강조하는 교리를 가르칠 내용이 없다.
③통일공과는 성경지식 위주여서 생활의 강조가 결여되어 있다.

그후 1970년대에 들어 총회에서 커리큘럼위원회를 조직하여 본격적으로 교육과정 연구를 시작하였다. 그리하여 통합 측의 '교육목적'을 설정하고 그에 따른 계단공과「성서와 생활」을 발행하였다. 이러한 새 커리큘럼 방향의 기본원칙은 통합 측의 교육철학과 정책을 보여주고 있다.[124]

①한국 사회와 교회의 요구에 의한 이상적인 한국 그리스도인의 상을 정립한다. 이를 위해 국내 저명교수들을 초청하여 한국인의 성격, 한국 사회와 한국교회에 대한 심포지엄을 갖는다.
②피교육자의 성장발달 단계에 맞는 계단공과를 개발한다.
③생활과 유리된 한국 그리스도인의 현실을 직시하면서 성서를 생활과 밀접히 관련을 맺는 일에 최대의 노력을 기울여 새로운 학습지도 방법을 사용한다.
④대한예수교장로회의 특징과 장점을 충분히 살핀다.

이 계단공과는 1972년부터 1980년 말까지 통합 측 교회의 교육을 주도해 왔다.

그리고 1988년 이후 새로운 교육과정 개발의 필요성을 인식하고 개발

---

123) 상게서, p. 101.
124) 상게서, pp. 101-102.

작업에 착수하였다. 21세기 한국교회가 추구해야 할 바람직한 인간상에 대한 결론으로 '정체성'이 확립된 주체적이고 자율적인 인간, '공동체성'을 지닌 개방적이고 협동적인 인간, 우주적이고 세계시민적인 안목을 지닌 인간을 제시하였다. 그리고 새교육과정의 주제를 "하나님의 나라 : 부르심과 응답"으로 정하고 교육목적을 다음[125]과 같이 정하였다.

"교회교육의 목적은 모든 세대들에게 하나님의 은혜로 예수 그리스도를 통해 이룩하셨고, 성령을 통해 지금도 계속 이루시는 구원의 복음을 신앙공동체 안에서 깨달아 알고, 하나님의 말씀과 복음의 빛 안에서 가정과 교회, 이웃 사회와 자연 및 세계와 바른 관계를 이루어서, 예배와 선교의 사명을 지닌 하나님의 백성으로서 삶 속에서 하나님 나라와 그의 의를 위해 헌신하도록 양육하고 훈련하는 것이다."

예장통합은 기존의 학교식 교실수업 구조 형태에서 '교회'라는 공동체성으로 교육구조를 바꾸고, 각 부서의 모든 교육활동을 하나님 나라의 문화를 담고 있는 교회의 존재양식으로 이해하면서, 교회의 존재양식의 생활화, 곧 공동체의 하나님 나라 문화화에 초점을 두고 있다.

기독교장로회

한국기독교장로회의 기독교교육사는 '조선신학교'의 탄생과 '한국신학대학'에서의 기독교교육학의 발전과정, 그리고 총회 측의 교육정책 및 교육지침서 발표 등을 고려하여 다음의 네 단계로 구분[126]하고 있다.

제1단계(1940~1960) : 자주적이며 자유로운 신학교육의 토대 형성기

제2단계(1961~1968) : 미국의 기독교교육학 이론 수용 및 세계교회와의 대화

---

125) 상게서, p. 111.
126) 윤응진, "한국기독교장로회의 기독교교육사", p. 151, 한국기독교교육학회, 전게서.

제3단계(1969~1986) : 교단의 교육정책 및 교육지침 형성 및 실행
제4단계(1987~현재) : 「제5문서」 발표 이후

1950년대 한신의 주요 교육적 과제는 '신학적 계몽을 통한 우상파괴'였다. 신학적 투쟁을 통하여 '교권으로 위장하고 성경축자 무오설이라는 교리로 위장한 신학적, 종교적, 문화 제국주의적 우상의 가면을 벗겨 내고 인간을 참 진리 안에서 자유케 하려는 진리수호 운동'을 전개하였다. 이것이 한신의 신학교육의 기본방향이며 기장의 출범을 위한 기본노선을 제공하는 것이었다. 1960년대 쉐릴의 기독교교육론을 소개하면서 '만남'을 통하여 '생의 놀라운 변화'를 경험하는 교육을 역설하였다. 그리고 WCC 제4차 웁살라 총회(1968)를 통하여 에큐메니컬 운동과 기독교교육론을 접목시키는 시도를 하였다. 이와 함께 헌터(David R. Hunter)의 '참여로서의 기독교교육론'과 렛셀(Letty M. Russell)의 '선교교육'을 수용하여 기장의 교육정책 및 교육지침을 형성하였다. 그리고 1969년 9월 제54회 총회에서 '교회교육 정책'을 인준하였는데 이는 하나님의 선교(Missio Dei) 신학에 기초를 둔 다음과 같은 교육방향[127]을 제시하였다. 첫째, 세상을 섬기는 교회가 된다. 곧 기복주의와 내세주의를 극복하고 세상을 구원하시려 오늘도 일하시는 하나님의 뜻을 따라 세상을 섬기는 종 된 교회가 되게 한다. 이를 위하여 다음 사항에 초점을 둔다.

①교회로 하여금 그 처해 있는 때와 장소에 있어서 하나님의 선교의 초점이 어디 있는지를 식별하는 능력을 길러준다.
②교회로 하여금 그 처해 있는 문제들과 복음이 어떤 관계가 있는가를 밝혀볼 수 있는 능력을 길러준다.

---
127) 상게서, pp. 155-157.

③교회로 하여금 그 해야 할 과제를 가장 효과적인 방법으로 수행할 수 있는 능력을 길러준다.

④교회로 하여금 그 믿는 바를 세상에 전하되 이를 대화를 통하여 실천할 수 있는 능력을 길러준다.

두 번째, 교회의 내적 충실을 돕는다.

①교회의 양적인 확장 : 교회가 부흥하지 못하는 이유로 두 가지를 제시하는데, 하나는 백성들에게 필요한 것을 제공하지 못한 것과 다른 하나는, 교회로 오라고만 하고 백성이 있는 곳으로 찾아가지 아니한 것이다.

②교회친교의 조성 : 생의 고민과 기쁨을 서로 나눌 뿐 아니라 생의 꿈과 야망까지도 서로 나누는 심중에서의 친교가 이룩되도록 하는 길을 모색한다.

③복음의 재이해 : 기독교를 이원론적인 타계주의 그리고 기복주의적으로 이해하는 경향이 있는데 이를 바로 가르친다.

④예배의 재확립 : 믿는 이들이 한자리에 모여 하나님 앞에 드리는 의식적인 예배와 함께 생을 통한 예배를 드리게 한다.

기독교장로회 교회교육의 목적은 JPIC의 과제에 '사랑'을 덧붙여 새롭게 다음과 같이 조명하였다.

"교회교육의 궁극적 목적은 교인들로 하여금 이미 예수 그리스도를 통하여 이룩하셨고 또 계속 성령을 통해서 이룩하고 계시는 하나님의 재창조의 역사를 깨달아 알게 하고, 이에 믿음과 소망과 사랑으로 응답하게 도와 그리스도를 머리로 한 새 질서 창조의 전위대적인 백성이 되게 할 뿐 아니라 저희들에게 맡겨진 사명을 다할 수 있도록 육성하고 훈련하는 일이다."

교육목표는 하나님의 일에 참여하는 새 계약의 공동체를 형성하고 훈련하는 것인데, 다섯 단계[128]가 있으며 각 단계에 상응하는 교육과정을 다음과 같이 제시하고 있다.

첫째, 하나님을 만나게 되는 일: 이는 하나님의 선교현장에 노출시킴으로써 피교육자들로 하여금 오늘도 세계와 인류의 재창조를 위하여 일하고 계신 하나님을 만나도록 돕는다.

둘째, 그 사건의 뜻을 깨닫게 되는 일: 피교육자들로 하여금 그들이 삶의 경험에 대하여 문제의식을 갖고 질문할 수 있도록(왜, 어떻게, 무엇 때문에) 격려하여 삶의 경험에 내포된 뜻과 진리를 깨닫게 돕는다.

셋째, 하나님 안에서 한 몸으로 성장해 가는 일: 교회의 공동생활에서 참되고 아름답고 생명이 약동하는 가치를 찾아 교인들의 주의를 환기시키고 이를 음미하며 감상하도록 한다.

넷째, 하나님의 부르심에 응답하고 그의 일에 깊이 참여하게 되는 일: 하나님의 선교가 생기 있게 일어나고 있는 곳에 혹은 하나님의 역사가 발생되어야 할 곳에 피교육자들을 관여시켜 그곳에 있는 문제를 보게 하고, 고민을 느끼게 하고, 새 운동의 싹을 보게 하고, 그 싹에 주어진 미래의 약속을 깨우쳐 줌으로써 하나님의 부르심을 듣고 하나님의 선교에 참여할 수 있도록 돕는다.

다섯째, 일하되 능률적으로 일하게 되는 일: 하나님의 선교에 바르게 참여하기 위하여 훈련이 필요하며, 이 훈련은 합리적이며 능률적인 방법으로 시행되도록 한다.

기장에서는 '하나님의 선교' 신학에 근거한 1970년의 교회교육 정책을 근간으로 하여 기존의 교육에 대한 반성과 함께 민족의 염원을 구현하고, 급변하는 상황에 대처하면서 우리의 선교적 사명을 다하는 교회교육 정

---

128) 상게서, pp. 170-172.

책을 수립하는 방향을 추구하고 있다.

감리교회

해방 후의 감리교회는 1945~1960년까지를 민족해방과 교회교육의 재건기로 구분할 수 있고, 1961년 이후부터는 교육의 전문화와 생태학적 각성의 시기로 분류할 수 있다.[129] 민족해방과 더불어 지방별로 주일학교 교육활동은 활기를 되찾았다. 그리고 1948년에 제2회 조선주일학교연합회가 덕수교회에서 개최되었는데, 여기에서 명칭을 기독교교육협회로 고쳤다. 명칭을 기독교교육협회로 고친 이유는 먼저 1947년 세계주일학교연합회가 세계기독교교육협회로 이름을 바꾸었기 때문이며, 다른 하나는 기독교교육이 주일에 국한되지 않고 더 광범위하므로 주일학교를 교회학교라 하였기 때문이다. 감리교에서는 1969년 총리원 실행부 이사회의에서 가결하여 '교회학교'라는 명칭을 사용하고 있다.

특별히 1954년도부터는 주일학교 연합활동이 활성화되었다. 그리하여 1955년에는 주일학교 교육 전반을 분석 검토하고 유년부 모범교육을 위하여 계획을 세워 시도하였다. 계획의 내용으로는 ①교육위원회 구성 ②주일학교 교육목적 확정 ③주일학교 전면 조직개편 ④건물의 보수 시설 확장 ⑤학습용 교사용 비품설비 ⑥교과목 자료연구 ⑦교사의 훈련 ⑧실험교육 실시 ⑨특별활동 교육 실시였다. 이와 더불어 이러한 개혁을 실시한 교회(남산교회, 흑석동교회, 용두동교회)들이 상호 연합관계를 가지고 상호 시범공개 교수를 실시하였고, 교재 연합 공동연구 및 교환을 하며, 교사 공동훈련과 상호 연합활동을 하였다.

해방 후 감리교는 재건파와 부흥파로 갈라져서 대립하다가 정리되었으

---

[129] 장종철, "한국 감리교회의 기독교교육사", pp. 68-76, 한국기독교교육학회, 전게서.

나 후에 다시 호헌파와 총리원파로 갈라져서 싸우게 되었다. 그 근원은 일제시대부터 오던 문제였으나 해방 후 종교의 자유를 향유하면서 그 대립이 표면화된 것이다. 그후 1959년에 이 두 파가 합동하였다.[130]

1960년대부터 한국 감리교회는 기독교교육 전문화 시대로 진입한다. 이 시대의 특징을 다음[131]과 같은 몇 가지로 정리한다.

① 다원화 사회의 도래와 함께 헌법에 명시된 종교적 자유의 원칙에 따른 정부가 교육개혁과 교육평준화 정책에 따라 교단설립의 기독교계 중고등학교의 '기독교교육'이 위기를 맞게 되었다.

② 주일학교는 '교회학교'란 명칭으로 바뀌고, 교회학교의 체제변형이 모색되었다.

③ 웨슬리 구락부, MYF 운동의 방향모색

④ 감리교신학대학교 부설 기독교교육연구소 신설(1968)

⑤ 감리교신학대학교 기독교교육연구소의 실험적 연구에 따라 교회교육지침서 「왜?」에 이어 새 계단공과 도입 발간(1971)

⑥ 감리교신학대학 안에 '기독교교육학과' 설립(1980)

⑦ 감리교계 신학대학 기독교교육학과 졸업생들에게 '교육사' 자격 부여로 기독교교육의 전문화 시대를 열어감

⑧ 감리교회의 성경 중심의 새 교육과정 개발 및 기독교대한감리회 교회학교 교재 발행(1998)

지방연합회의 조직이 점점 확산되면서 1963년 전국적인 연합회 조직의 필요성을 느끼게 되었다. 그리하여 1963년 전국연합회를 구성하게 되었다. 이렇게 전국연합회를 구성하여 활동할 수 있었던 이유는 교육연합 사

---

130) 문동환, 전게서, p. 53, 大韓基督敎敎育協會, 전게서.
131) 장종철, 전게서, pp. 78-79.

업의 방향 정립이 이루어졌고, 개체교회가 요구하는 교육연합 프로그램을 만들었으며, 더불어 일하는 교육 풍토를 만들었기 때문이다. 그러나 연합활동에 대한 인식 부족과 조직 및 좋은 프로그램의 미비 등의 문제점들로 인해 큰 성과를 거두지는 못하였다. 현재 감리회 본부 교육국에서 많은 교재를 발행하고 있으나 참여도는 미약하고 대책 수립에는 역부족이다.

100주년을 맞는 1985년에 '감리교 100주년 교육대회'가 "21세기를 향한 감리교교육"이라는 주제로 개최되었다. 그리고 다음과 같은 교육선언문[132]을 발표하였다.

"기독교교육 100년이 전수한 신앙적 유산과 교육적 예전을 우리의 영광스러운 유업으로 수용하며, 다가오는 미래 속에 또 다른 역사를 창조하고자 여기 기독교교육 교사들이 모여, 공동으로 드리는 신앙고백과 함께 기독교교육을 통한 인간 변화와 역사 변화에 참여하는 결단을 다음과 같이 약속한다.

첫째, 우리는 성부, 성자, 성령 삼위일체 하나님만이 구원자이며 참교사임을 믿고 고백한다.

둘째, 우리는 이 역사와 교회가 곧 하나님 구원의 일터이며, 교육의 장(場)임을 믿는다.

셋째, 우리는 예수 그리스도께서 위임하신 교육적 사명이 복음과 인간이 만나는 삶의 매체이며, 동시에 새로운 인간 변화와 역사 변화를 불러일으킴을 믿는다.

넷째, 우리는 이 모든 신앙고백과 교육적 사명이 교사로서 불리움 받은 우리들의 진실된 신앙적 헌신과 성실한 교육준비를 통하여 수행될 것

---

132) 상게서, p. 84.

을 믿는다."

그리고 2000년도 주제는 새 밀레니엄의 첫 출발의 해를 맞아 "21세기, 새 시대를 열어가는 감리교교육"으로 정하였다. 그 배경의 첫째는 21세기는 새로운 밀레니엄의 큰 꿈을 실현하려는 열망으로 가득 찬 시대이므로, 초대교회의 사도들이 새 시대의 문명기에 가졌던 큰 꿈을 오늘의 교회교육의 꿈으로 삼고 비전을 갖도록 교육한다. 둘째는 21세기는 정보화 사회로 정보혁명의 선택이 요구되는 시대이므로 정보화 사회에 필요한 영성교육을 실천해 가도록 교육한다. 셋째는 정보화 시대에 있어서 새로운 미디어를 통한 기독교교육에 주력한다. 넷째는 정보화 사회에서 소외된 계층을 위해 참여하는 인간화 교육을 실천한다. 다섯째는 감리교교육은 영성을 기초로 해서 가정교육, 생명문화와 창조교육, 남북한 그리스도인의 화해와 통일교육을 통해 하나님 나라 실천에 앞장서도록 하기 위한 것이다.

이와 함께 감리교회의 교육신학은 한때 세속화 신학의 영향을 강하게 받기도 하였으나, 1980년대 이후부터는 세속화 신학을 배경으로 한 교육사상에서 점차 탈피하여 복음주의나 웨슬리 신학에 근간을 둔 교회 중심, 성경 중심의 교회교육 쪽으로 선회하는 경향을 나타내고 있다.

성결교회는 교육이념으로 웨슬리 신학, 복음주의 신학과 전도표제인 사중복음을 삼고 있다. 이러한 이념 아래 교육목적은 "모든 사람으로 하여금 성서를 통하여 보여주신 하나님의 부르심에 응답하여 하나님을 알고, 예수 그리스도를 믿음으로 거듭나며, 성령의 도우심으로 성결한 그리스도인이 되어 사랑의 공동체인 교회를 섬김으로 하나님을 영화롭게 하며, 이 세상을 구원하시는 하나님의 역사에 동참하여 복음을 전하고, 이웃을 사랑하며, 영육을 강건케 하시는 성령과 함께 살면서 소망스러운 삶을 살도록 도와주려는 것이다"라고 하였다. 이 목적이 시사하는 것은 세 가지인데 이를 요약하면, 신앙의 지정의(知情意)의 세 차원을 모두 포함하고 있으며, 현재의 삶과 미래의 소망이 동시에 강조되며, 하나님과의 수직적 관계와 이웃과의 수평적 관계를 균형 있게 강조하고 있다.[133] 교육목적이 의미하는 내용은[134] 믿음을 통한 중생의 구원("성령의 은혜를 체험하는 가운데 예수 그리스도를 믿음으로 구원에 이르게 하고"), 기독교적 삶의 표준으로서의 성경("하나님의 말씀을 따라"), 신앙생활의 목표로서의 성결("성결하게 살면서"), 몸과 마음을 강건하게 지키는 생활("건강한 몸과 마음으로"), 다시 오실 예수님("다시 오실 예수 그리스도를 기다리며"), 교육의 장으로서의 신앙공동체("신앙 공동체의 주역으로서"), 선교를 지향하는 생명력 넘치는 청지기적 삶("이웃에게 복음을 전하여"), 하나님의 나라 실현을 위한 사회적 책임("하나님 나라를 이루어") 등이다.

---

133) 이정효, "기독교대한성결교회의 기독교교육사", 한국기독교교육학회, 「한국교단의 기독교교육사」, (서울: 한국장로교출판사, 1999), pp. 245-247.
134) 박종석, "성경교회 교육신학의 기초적 구상" 서울신학대학교, 「교수논총」 15집, 2004.

제11장
대한예수교장로회(합동)의 기독교 교육사

여호와의 율법은 완전하여 영혼을 소성케 하고
여호와의 증거는 확실하여 우둔한 자로 지혜롭게 하며
여호와의 교훈은 정직하여 마음을 기쁘게 하고
여호와의 계명은 순결하여 눈을 밝게 하도다(시 19 : 7~8)

 제11장

대한예수교장로회(합동)의 기독교 교육사
― 해방 이후 교회교육을 중심으로 ―

해방 전까지만 하더라도 장로교회들은 하나의 교단을 형성하고 있었다. 특히 감리교단과는 교육 분야를 비롯한 여러 분야에서 협력하여 사역을 하였다. 이러한 경향은 해방 이후까지 얼마 동안 지속되었다.

그러나 해방을 맞이한 지 오래지 않아 장로교회는 일제 시대의 신사참배문제, 신학적 그리고 정치적인 문제로 갈라졌다. 새로이 형성된 교단들은 각 교단의 신학적 입장에 따라 교회교육을 발전시키고 성숙시켜 왔다. 이 장에서는 대한예수교장로회총회 합동 측 교단의 교회교육 역사에 대하여 서술하고자 한다. 먼저 해방 후 교회교육의 역사를 시대적으로 구분하고 각 시대를 살펴보자.

1. 해방 이후 교회교육사에 대한 구분

1945년 우리나라가 해방을 맞은 후 오늘에 이르기까지의 교회교육사를 다음과 같이 넷으로 구분하고자 한다.

복구기(6·25 동란~1960년)

26년간(1962~1988) 총회신학대학에서 기독교교육을 가르쳤던 송산(松山) 김득룡은 해방 이후의 교회역사를 복구기, 반성기, 정돈기[135] 등으로 삼분하고 있다. 그는 6·25 동란에서부터 1960년대까지의 10년간을 '복구기'라고 명명하였다. 이때의 주된 사역은 일제의 학정으로 말미암아 무너졌던 교회교육의 옛 모습을 회복하는 일이었다. 해방이 되자 교회는 주일학교 어린이와 청소년들로 대성황을 이루었다. 그러나 교회는 이에 부응하지 못하였다. 교회교육 지도자의 양성과정이 제대로 수립되지 않았고, 교단적으로나 교회적으로도 아직 교회교육에 그다지 큰 관심을 갖지 않았기 때문이다. 따라서 교회교육 프로그램이나 교육자료의 수준은 매우 열악하였다. 이때 세계 기독교교육협회의 협조로 이전에 사용하던 공과를 사진판으로 만들어 사용하였고, 그후에 세계통일공과를 집필하여 교재로 사용하였다. 그러다가 1954년에 부별 계단공과를 주일학교 교재로 사용하게 되었다. 복구기 말인 1959년 대한예수교장로회가 신학적인 문제로 합동과 통합으로 분열됨에 따라 각자의 신학에 근거하여 교회교육을 발전시켜 나가야만 했다.

반성기(1960년대)

제2기인 1960년 이후를 김득룡은 '반성기'라고 명명하였다. 송산은 그 이유를 몇 가지로 제시하고 있다. 첫째, 일반학교 교육은 날로 발달하는데 반해 교회교육은 너무나 낙후되어 있었다. 둘째, 세속문화의 발달로 말미암아 주일학교 교육은 어린이들의 흥미를 끌지 못하였다. 동화책이 보급되고 재미있는 노래들이 보급됨에 따라 동화나 노래를 배우기 위하여

---

135) 김득룡, "한국 주일학교 교육연구", 전국주일학교연합회, 「주일학교 30년사」, pp. 40-61.

교회에 나갈 필요가 없게 되었기 때문이다. 셋째, 사회의 변화에 교회가 대처하지 못함으로 청년들이 교회를 떠나게 되었고, 청년들이 교회를 떠남으로 유년 주일학교의 교사 확보가 어렵게 되었다. 넷째, 도시에서는 거주지의 확산과 관심의 분산이, 농촌의 경우는 젊은이들의 도시로 향한 진출이 교회교육의 발전에 지장이 되었다. 다섯째, 현실에 부합하는 새로운 교육신학과 철학에 입각한 교재가 제공되지 않았고, 지도자 훈련 프로그램도 결여되어 있었다. 여섯째, 교회 자체도 교육에 대한 바른 이해나 대책이 없이 청년들에게 일임하는 형편이었다.

교회 지도자 특히 교회교육의 지도자들은 교회교육의 방향, 내용, 방법 그리고 교재 출판에 대한 필요성을 절감하였다. 이것은 단지 예장합동 교단뿐 아니라 다른 대부분의 교단도 마찬가지였다. 그래서 교회교육의 발전을 위한 계획의 수립을 위하여 한국신학대학에서는 1962년 문동환 박사를 중심으로 기독교교육문제연구소를 개설하였고, 예장통합 측에서는 김형태, 김득렬, 주선애 교수를 중심으로 연구 결과물들을 발표하였다.

예장합동 측에서는 1964년 1월에 명신홍, 차남진, 김득룡 교수를 중심으로 하여 한국기독교교육연구회를 조직하고 교회교육에 대한 연구를 하였다. 예장합동 교단은 한국기독교교육연구회를 중심으로 하여 새로운 교회교육의 틀을 제시하고자 교회교육의 원리를 새롭게 정리하고, 이에 기초하여 교육과정을 조직하고 그러한 교육과정을 바탕으로 프로그램을 만들고, 교재를 출판하고자 하였다. 이러한 사역의 일환으로 「어린이 이해」를 교사양성 총신강좌시리즈의 하나로 출판하였다. 그리고 전국주일학교 연합회에서 1년에 4회에 걸쳐 주일학교 회지를 발간하던 것을 확대 증보하여 「교사의 벗」을 창간하였다. 그리고 김득룡, 이순한, 임승원, 여운세 목사 등을 중심으로 「계단공과 연구 지침」을 만들고, 그에 맞추어 계단공과를 출판하였다.[136] 이즈음 예장합동 교단 이외의 각 교단에서도 교육지침서를 발간하였다. 1971년에는 기독교장로회에서, 1972년에는 감리교와 통합 측에서 교육지침서를 발간하였다.

이때 예장합동 측의 기독교교육 운동은 두 가지로 크게 정리할 수 있다. 하나는 주일학교 사업이다. 전국주일학교연합회에서는 전국주일학교 지도자 수련회와 세미나를 개최하여 교회교육의 개혁을 주도하였다. 이러한 운동을 주도한 교역자는 장영춘, 여운세, 고응보, 임택권, 김택용 목사 등이었으며, 평신도 지도자는 고찬영, 고응진, 우성기, 김관용 장로 등이었다. 다른 하나는 총회교육부사업이다. 총회교육부는 자체의 사업을 세분화하였는데, 그 분야는 주교분과, 편집분과, 교양분과였다. 교육부 사업을 세분하여 추진하기 시작한 이때부터 교단 차원에서도 교회교육에 관심을 갖기 시작하였다.

정돈기(1970~1994년)

마지막은 '정돈기'로 명명하고 있다. 이 시기는 교단에서 계단공과를 발행하고 교회 밖에서는 다양한 교육활동을 하였으나, 교회교육은 타성적인 수준에 그치고 있었다. 그 이유는 첫째, 교회교육이 지향해야 할 확고한 목표가 설정되지 않았기 때문이다. 둘째, 내적인 성숙에 대한 관심보다는 외적인 성장에 관심을 더 많이 가짐으로써 주일학교보다는 장년들 중심이 되었다. 이는 곧 교회가 주일학교 교육에 대해 기대를 많이 하지 않고 있음을 보여 주는 것이다. 셋째, 교육전문가들이 현실에 대한 관심보다는 이론만 제시함으로써 교회교육이 발전할 수가 없었다. 넷째, 교단 교육에 중요한 영향력을 미치는 총회교육부원들의 대다수가 비전문인

---

136) Ibid., p. 57.

일 뿐 아니라 임기를 3년제로 하여 수시로 교체됨으로써 지속적이고 조직적인 계획을 할 수 없었다.

도약기(1994년~현재)[137]

본 교단의 교육원은 1994년도부터 교육전문가들을 총회교육에 참여시킴으로써 다시 한 번 도약기를 맞이하게 되었다. 그 대표적인 사역으로 새 공과 교육과정의 확정 및 새 공과 집필이다.

그 교육과정의 구성을 보면 유아부와 유치부는 각각 2년을 주기로 하여 성경 신구약의 중요한 내용들을 공부할 수 있게 하였고, 이 연령층의 영적, 인간적, 신체적, 사회적 측면을 고려하여 실제 사물을 통한 신앙교육을 시도하였다. 유년부와 초등부는 각각 3년을 주기로 하여 성경 전체를 공부하도록 계획하였다. 이들의 연령층의 특징을 고려하여 교육내용의 전개를 인물이나 사건을 중심으로 하였다. 성경에 나오는 중요한 인물이나 사건들을 통하여 어린이들의 신앙을 성숙시킬 뿐 아니라 성경지식을 갖도록 하였다. 중등부와 고등부도 각각 3년을 주기로 하여 성경 전체를 일별하여 볼 수 있게 하였다. 청소년기에 속한 이 연령층은 인지적인 발달이 잘 되어 있으므로 공과의 내용도 인지적인 지식 전달을 중심으로 구성하였다. 청년1부와 청년2부도 각각 3년 동안에 성경의 중요한 교리나 사상들을 정리할 수 있도록 구성하였다. 이들은 교육의 대상일 뿐 아니라 교육의 주체이기도 하므로 신앙과 신학적인 측면을 모두 강조하였다. 마지막으로 장년1부와 장년2부는 성경본문을 중심으로 하여 그 내용이 성경에 충실하도록 집필하였다.

---

137) 도약기는 김득룡의 분류가 아니고 저자의 임의적인 분류이다.

2. 합동 교단의 교회교육 제도

대한예수교장로회 합동교단은 개혁신학을 지지하는 교단이다. 이러한 신학적인 전통에 따라 교회교육도 자연히 개혁신학에 입각한 기독교교육을 수립하였다. 다시 말하면 개혁신학적인 색채가 교단의 교육이념, 교육목적 그리고 교육목표에 잘 나타나 있다. 아래에서는 먼저 예장합동 교단의 교육이념과 목적에 대하여 살펴보고자 한다. 이 내용은 제79회 총회에서 채택된 것으로 「제79회 총회보고서」[138]에 나타나 있다.

교단의 교육이념, 목적 및 목표

교단의 교육이념, 목적 및 목표는 새 공과 연구위원회에서 제시되었고 총회교육부에서 검토된 후 총회에서 채택한 것이다. 먼저 교육이념에 대하여 살펴보자.

(1) 교육이념

제79회 총회는 교단의 교육이념을 다음과 같이 결의하였다.

"하나님의 형상대로 지음받은 인간은 만물을 그의 기쁘신 뜻대로 창조하시고 섭리하시며 다스리시는 하나님의 주권을 인정하고, 나아가서 그의 지으신 모든 만물을 관리하고 다스리도록 위임하신 하나님의 소명에 응답하는 일꾼으로 참여하여야 한다. 그러나 인간은 이러한 하나님의 뜻을 거스림으로 하나님 앞에 죄인이 된 것이다. 이러한 인간을 하나님은 다시금 그의 독생자 예수 그리스도를 통하여 하나님의 뜻을 따르는 자들이 되도록 그 구원의 길을 열어주셨다. 이것은 예수 그리스도를 주님으로

---

[138] 대한예수교장로회총회, 「제79회 총회보고서」 (1994), pp. 323–325.

믿고 의지하는 자에게 역사하는 죄 용서의 은혜이다. 그리고 지금도 이루어 가시는 온전한 하나님의 형상으로서의 회복이요, 새로운 피조물로 지음받은 재창조를 의미한다.

이러한 구원역사는 하나님과 그리스도의 영이신 성령의 역사로서 하나님께서 택하신 자들에게 중생과 믿음의 역사를 불러일으키며, 하나님의 영광을 위한 새로운 생명으로의 변화를 이룬다.

성령의 사역은 세상 가운데서 하나님의 백성을 택하심과 부르심으로 나타나는데, 이와 같이 성령은 하나님의 거룩한 백성의 모임이요, 그리스도의 피로 사신 몸이며, 성령의 교통하시는 장인 교회를 이 땅에 세우게 하신다.

그리고 그리스도의 교회의 사명은 예수 그리스도로부터 시작된 하나님의 나라를 전파하고 확장하는 것이다. 그리고 그 나라는 지금 역사 안에서 성장 확대되지만, 그리스도의 재림과 더불어 완성된 것으로 나타날 것이다. 이는 곧 하나님의 창조세계의 완성의 역사적이며 우주적인 사건으로서, 모든 그리스도인들은 그 나라를 소망하는 믿음으로 살아야 한다.

그리고 그리스도인의 삶의 목적은 의와 진리와 사랑과 평화로 역사하는 하나님의 나라가 말씀과 성령으로 통치됨을 보여주며, 그 통치가 이루어지며 확장되는 일에 헌신하는 것이다. 또한 이것은 그리스도가 그의 교회에게 주신 복음증거의 사명을 의미하며, 동시에 하나님을 사랑하며 네 이웃을 네 몸과 같이 사랑하라 하신 계명의 실천을 통하여 실현된다.

그리고 그리스도의 교회는 하나님의 말씀의 선포와 가르침, 예배와 성례, 그리고 권징의 수단을 통하여 교회로 부름받은 하나님의 백성들을 하나님의 나라를 섬기며 봉사하는 일꾼으로 양육하며 훈련하는 사명을 가진다.

그리고 이를 위하여 하나님의 말씀인 신·구약 성경을 하나님의 백성들에게 주신 삶의 유일한 법칙이요 약속의 말씀으로서 모든 그리스도인들이 그 말씀을 믿고 따르도록 가르치고 배우게 하는 교육적인 책임을 가진다."

총회에서 수용한 교육이념을 보면 그 내용상 개혁신학적 색채를 그대로 드러내고 있다. 이는 예장합동 교단의 신학적 성향을 그대로 보여주는 것일 뿐 아니라 기독교교육은 신학에 기초하고 있음을 보여주는 것이다.

(2) 교육목적 및 목표

이러한 교단의 교육이념에 근거하여 1994년 9월에 회집된 제79회 총회에서는 다음을 예장합동 교단의 교육목적으로 확정하였다.

"하나님의 부르심을 입은 그리스도인들로 하여금 정확무오한 하나님의 말씀인 성경과 천지만물의 주인이신 삼위일체 하나님을 알게 하고 특히 개혁주의적인 기독교 세계관을 바로 정립하여 교회와 세상의 모든 활동의 영역에서 예수를 닮은 성숙한 그리스도인으로서의 삶을 살도록 하는 것이다."

이러한 교육목적은 교단의 신학적 특성을 분명히 보여준다. 그리고 교육사역이 성삼위 하나님의 본질에 근거한 것임을 보여준다. 또한 교회교육은 인지적인 면과 확신과 헌신을 내포하는 정서적인 면, 삶에 근거하는 의지적인 면 모두를 내포하고 있음을 보여준다.

총회에서는 이러한 목적을 성취하기 위하여 다음과 같은 내용들을 대한예수교장로회 합동 교단의 교육목표로 확정하였다.

①모든 그리스도인들로 하여금 하나님의 창조세계를 이해하고, 하나님의 뜻과 경륜을 이해하며, 그 뜻에 헌신하는 그리스도인이 되게 한다.

②예수 그리스도를 통하여 나타난 구원의 계시를 이해하고, 그리스도

가 구세주이며 주님인 것을 알고, 그를 믿으며 그의 말씀을 따르는 그리스도인이 되게 한다.

③ 그리스도의 교회를 이해하고 교회의 생활에 올바르게 참여하며, 하나님의 말씀과 예배, 성례, 그리고 기도의 올바른 사용법을 이해하고 실천하게 한다.

④ 모든 족속이 예수의 제자가 되도록 하는 복음전도의 사명을 일깨우고 실천하도록 하며, 동시에 이웃과 사회에 대한 복음의 사명을 이해하고, 세상 가운데서 하나님 나라의 봉사자로 섬기도록 양육하고 훈련한다.

⑤ 그리스도인의 삶은 성령 안에서 사는 믿음으로의 삶인 것을 이해하고, 항상 성령의 도움을 간구하며, 또한 성경이 가르치는 교훈의 체계와 그리스도의 주권적인 통치 아래 살아야 함을 이해하고 따르게 한다.

⑥ 그리스도의 재림을 통하여 이루어질 완전한 나라를 소망하고, 하나님 앞에서 주어진 삶의 책임을 다하며, 믿음으로 살아갈 하나님 나라의 백성으로서의 신앙적인 자질과 능력을 갖도록 한다.

공과교재 개발의 역사

(1) 개척기(해방 후부터 계단공과 시대 이전까지 : 1945~1964년)

해방 이후부터 계단공과 시대 이전까지는 예장합동 교단의 측면보다는 장로회의 측면에서 살펴보아야 한다. 이 시대는 아직 장로교회의 시대라고 할 수 있다. 자연히 교회교육도 장로교 전체 교단이 함께 한 시대였다. 그후에 1953년에 회집된 제38회 총회에서 이전의 호헌총회는 그 명칭을 기독교장로회로 바꾸었다. 1959년 제44회 총회는 경기노회 총대문제와 WCC문제로 승동 측(예장합동)과 연동 측(예장통합)으로 나누어졌

다. 이때까지 양 교단에서는 세계통일주일학교 공과를 함께 사용하였다.[139]

예장합동 교단의 독자적인 공과의 개발은 1965년 이후부터이다.

(2) 계단공과 시대(1965~1994년)

1965년 충현교회 김창인 목사는 교회교육을 위하여 충현교회 단독으로 계단공과를 출판하기로 작정하고, 일의 효율성을 위하여 전체 운영의 책임을 부목사였던 조천일 목사에게, 집필과 편집은 임승원 목사와 이순한 목사에게 맡겼다. 그리고 세 명의 자문위원을 두었는데 교리문제는 박형룡 박사, 주경문제는 박윤선 박사, 문장은 박목월 장로를 위촉하였다. 그리고 교정은 조선근 장로가 맡아 수고하였다. 교단 차원의 계단공과가 없는 상황에서 이렇게 개교회가 집필한 이 계단공과를 김창인 목사가 교단에 무상으로 넘겨주어 1967년부터 총회 차원에서 계단공과를 사용하게 되었다.[140]

그후에 1~2회 부분적으로 수정을 하여 사용해오다가 1994년도부터 새롭게 공과를 집필하게 되었다.

(3) 새 공과 시대(1994년~현재)

총회는 공과를 새로 집필해야 할 필요성을 느끼고 그 일을 교육부에 일임하였다. 이에 따라 교육부 임원회에서는 새 공과를 집필할 것을 의결하고 1994년 1월 24일 교육과정 연구위원으로 정일웅, 한춘기, 정정숙 교수를 선정하였다.

이 위원회는 다음 달인 1994년 2월에 다시 모임을 갖고 공과 개정의

---

139) 대한예수교장로회 총회교육부, 「총회교육통람」, p. 35.
140) 임승원 목사의 증언.

필요성과 개정방향에 대하여 논의하고 개혁주의 신학과 신앙의 틀 위에서 새 공과 교육과정을 편성하기로 의결하였다.

제1차 새 공과 교육과정 연구위원회가 1994년 3월 회집되어 교육과정의 신학·철학적인 이론 정립의 초안을 소위원회에 맡기기로 하고 소위원회 위원으로 오영호 교육부장, 박석기 교육국장, 정일웅, 한춘기 교수를 정하였다. 소위원회에서는 각 부별 교육과정의 목적, 범위, 방법, 방향을 4월 21일까지 작성하고, 8월 8일까지 각 부 교육과정의 방향, 목적, 범위, 그리고 방법 등의 구체적 내용의 초안을 완성하여 제79회 총회에 보고키로 하고, 교육과정은 12월 말까지 완성하기로 했다. 각 부별 연구위원과 책임자 배정은 오영호 교육부장, 박석기 교육국장, 정일웅, 한춘기 교수에게 일임하였다.[141]

1994년 4월 4일 총회본부에서 제2차 새 공과 교육과정 연구위원회가 모여서 위의 2장 이하에 제시된 교육이념, 교육목적, 그리고 교육목표를 수정하여 채택하였다. 채택된 교육이념, 목적, 목표에 근거하여 교육과정을 개발하였고, 각 부서별로 전문가를 집필자로 위촉하여 공과를 집필하게 하였다. 1998년 12월에 각 부서별(유아, 유치, 유년, 초등, 중등, 고등, 청년1, 청년2, 장년1, 장년2, 노년) 1차년도 교재를 발간하였으며, 2000년 12월에는 3차년도 교재까지 모두 완간되었다.

교육부·교육국의 조직, 역할, 업적(출판과 활동)

총회 산하 상비부로서의 교육부는 산하에 특별한 조직을 가지고 있지는 않다. 교육부의 조직으로는 부장, 서기, 회계가 있고, 실행위원회가 있으며, 여기에서 중요한 일을 결정한다. 전체 부원회의는 모든 사업의 최

---

141) 대한예수교장로회 총회교육부, 「총회교육요람」(1995).

종적인 결정을 내린다. 총회 상비부로서의 교육부는 매년 임원들이 교체되고 부원들도 1/3이 교체되는 연유로 교육사역의 일관성과 지속성의 면에서 많은 문제점을 드러내고 있다.

이러한 문제점의 보완과 총회와 전체 교회의 교육적인 사역의 수행을 위하여 교육국이 조직되어 있다. 교육국은 국장 중심으로 되어 있다. 현재 국장 외에 2명의 정규직원이 총회교육국의 일을 담당하고 있으며, 공과 교육과정을 작성하고 편집하기 위하여 2001년에는 총회교육개발원을 발족하였다. 총회교육개발원의 연구원은 현재 9명으로 기독교교육학 석사과정을 마친 사람들 중에서 선발하는 것을 원칙으로 하고 있다.

조직뿐 아니라 교육부의 가장 중요한 사역인 새 공과 개발면에 있어서도 많은 변화를 보이고 있다. 이러한 변화들 중에 중요한 것은 각 부별 공과의 집필자를 해당 분야의 전문가로 구성한 것이다. 유아부를 집필한 장화선 교수는 대학과 대학원에서 기독교교육학을 전공하였고, 유아교육으로 문학박사학위를 받았으며, 현재 안양대학교에서 기독교교육학을 가르치고 있다. 유치부를 집필한 정희영 교수는 대학에서 기독교교육을 전공하였고, 대학원에서 유아교육으로 석사를, 기독교교육으로 박사학위를 받았으며, 현재 총신대학교에서 유아교육을 가르치고 있다. 유년부를 집필한 한춘기 교수는 대학에서 교육학을 공부한 후에 신학을 공부하였고, 기독교교육학 석사를 받았으며, 교육철학으로 박사학위를 받았고, 현재 총신대학교에서 기독교교육학을 가르치고 있다. 초등부를 집필한 강정훈 목사는 대학에서 기독교교육학을 공부한 후 신학 수업을 마치고 목회를 하고 있다. 동시에 어린이를 위한 동화를 집필하는 아동문학가일 뿐 아니라「교사의 벗」을 통하여 교사교육에 공헌하고 있다. 중등부를 집필한 신현광 교수는 대학에서 기독교교육학을 마친 후 신학을 공부하였으며, 그 후에 기독교교육학으로 석사학위와 박사학위를 받았고, 현재 안양대학교에서 기독교교육학 교수로 있다.

고등부를 집필한 박광옥 목사는 대학에서 기독교교육학을, 신학대학원에서 신학을, 그리고 혜성교회를 목회하는 중에 목회학을 공부하여 목회학 박사학위를 받았다. 청년1부를 집필한 정일웅 교수는 대학에서 기독교교육학과 신학을 공부하였으며, 카테키즘을 연구하여 신학 박사학위를 받았다. 지금은 총신대 신학대학원에서 기독교교육학을 가르치고 있다. 청년2부를 집필한 서문강 목사는 대학에서 영문학을 공부한 후 신학을 공부하였으며, 현재 중심교회를 목회하면서 많은 신앙서적과 주석들을 번역하고 있다. 장년부는 교단 내의 네 명의 중진 목사들이 공동으로 집필하고 있으며, 노년부는 정정숙 교수가 집필하였는데 대학에서는 사회학을, 그 후에 신학을 공부하였고, 대학원에서는 기독교교육학 석사를 받았다. 상담으로 목회학 박사학위와 신학 박사학위를 받고, 현재 총신대학교에서 상담을 가르치고 있다.

현재까지의 새 공과 출판 진도 및 계획을 살펴보면, 1994년에 새 공과 교육과정 연구위원회를 조직한 이래 1998년 12월에 각 부서별(유아, 유치, 유년, 초등, 중등, 고등, 청년1, 청년2, 장년1, 장년2, 노년) 1차년도 교재를 발간하였다. 1999년도 후반에는 새 공과 2차년도의 교재를 발간하였으며, 2000년도 후반에는 마지막으로 3차년도의 교재가 발간됨으로 모든 새 공과 교재가 완간되었다.

이 외에도 교육부의 업적으로는 「기독교 교육총서」를 기획, 출판하는 일을 들 수 있다. 교육총서는 교사양성 교육과정, 교사계속 교육과정 1단계, 교사계속 교육과정 2단계 등 세 영역으로 구성되어 있다. 먼저 교사양성 교육과정에는 기독교 교육학개론, 교사론, 기독교 교육사, 예배와 교육, 기독교 교육철학 등이 포함되어 있다. 집필자들도 교단 내에서는 교육 전문가로 알려진 학자와 목회자들로 구성되어 있다.

교사계속 교육과정(1단계)에는 가정과 함께하는 기독교 가정교육, 기독교 교육상담, 기독교 교육행정, 기독교 교육과정, 기독교 심리학, 기독교 교육방법 등이 포함되어 있다.

마지막 세 번째 단계인 교사계속 교육과정(2단계)에는 교수매체이론과 방법, 제자훈련의 이론과 실제, 유아교육, 정보화시대의 기독교 어린이교육, 청소년교육 등이 포함되어 있다.

교육(목)사의 양성과 수용

교육목사 제도는 20세기 초 미국에서 시작되었다. 원래 교육목사의 위치는 담임목사의 직책을 기능적으로 분화시키고 교육의 전문화를 바탕으로 나타난 직책이다. 초기에 그 명칭은 다양하여서 처음에는 유급주일학교장(paid superintendents), 교육지도자(educational directors), 협동목사(associate pastors), 조사(assistants), 기독교교육 지도자, 프로그램 코디네이터, 행정가 등으로 불렀으나, 대부분의 경우에 교육목사 혹은 행정목사로 불렀다. 오늘날에는 대부분 교육목사라는 명칭을 사용하고 있다. 이러한 명칭들을 고려하여 볼 때 교육목사의 역할은 대체로 다음 두 가지 영역으로 구분할 수 있다. 하나는 일선에서 교육대상자를 직접 가르치는 영역이고, 다른 하나는 모든 교육활동 주체들을 조정하고 지도하는 역할이다. 전자를 교육(teaching)으로 후자를 조정자(coordinating)로 분류할 때 지금까지 한국교회는 교육목사의 개념을 교육에만 한정하였다고 말할 수 있다. 조정자로서의 역할은 동사목사란 제도를 두어 담당케 하였으나, 지금은 없어진 제도이다.

1990년대에 들어와서 여러 교단에서 교육사 제도를 교단적 차원에서 도입하려는 움직임을 보이고 있다. 이러한 움직임은 가장 먼저 이 제도를 도입해 온 감리교단을 비롯하여 예장합동과 예장통합, 예장고신이 1997

년과 1998년에 소집한 교단총회를 통해 구체적인 지침들을 내놓고 있다. 예장고신은 1997년 총회에서 교육사 임면에 관한 규정을 통과시켰으며, 예장통합 역시 1998년 총회에서 교육사제도시행 업무수행을 위한 규정들을 청원하여 허락된 상태이다. 여기에 예장합동 교단도 1998년도 총회에서 교단 신학교인 총신대 신대원의 목회학석사 과정 속에 교육사 자격을 위한 기독교교육 과목(36학점)을 신설하도록 허락함으로써 교육사 배출의 문을 열어놓고 있다.

　예장통합 교단의 경우 '교회교육사' 제도를 교회교육 활성화와 전문화를 위한 실무자 양성제도로 규정하고, 총회교육부와 밀접한 관계속에서 현 교육전도사 수준을 훨씬 능가하는 교육전문가 양성에 초점을 맞추고 있다. 예장통합은 교회교육사 제도의 주요 규정에 교회교육사 고시제도를 신설함으로써 이 제도에 대한 교단의 활성화 의지를 분명히 담고 있다. 지금까지 목회자 선발과정의 마지막 단계로 실시해 온 고시제도를 교육사에까지 실시하기로 한 것은 그 위상 강화와 함께 이 제도를 현실화하는 것에도 큰 도움이 될 것으로 보이기 때문이다.

　교육사 고시에 응시할 수 있는 자격은 기독교교육 전공자이어야 한다는 점에서 다른 교단들과 큰 차이는 없지만, 현장에서 전담교육자로 1년 이상 경력이 있어야 하고 총회가 정한 교육과정 과목을 이수해야 한다는 점에서 훨씬 강화된 모습을 보이고 있다. 이렇게 배출된 교회교육사에 대해서는 모든 교회가 청빙을 원칙으로 함으로써 기존의 목회자와 동등한 위상을 갖추기로 했다.

　한편 기독교감리회교육국과 교회학교교육부는 1998년 10월 중앙교회에서 교육사 제도의 활성화를 위한 정책세미나를 개최하는 등 최근 많은 다른 교단들의 움직임에 발맞추려는 움직임을 보이고 있다.

　예장합동의 경우 교육사 제도에 대한 총회 전체의 결집된 의견은 없지만, 일부 교회에서 이미 이 제도를 개교회 차원에서 도입하고 있다. 또 교단 신학교인 총신대 신학대학원에서 교육사를 배출한 경우 그 활성화 가능성은 매우 큰 편이다. 실제로 총신대 신학대학원이 이 과정을 신설하게 된 동기에는 교회교육 활성화와 함께 신학대학원 과정을 밟은 우수한 여성교역자들의 진로를 보장하려는 의도가 담겨 있다. 그러나 이러한 제도를 신학교 안에서조차도 충분히 논의하지 않은 채 서둘러 결정한 감이 없지 않다. 왜냐하면 총신대는 대학원 안에 기독교교육학 석사과정을 운영하고 있음에도 불구하고, 교육사 자격은 신학대학원이 운영하는 특정과정 이수자만으로 한정하는 등 학교 자체 안에서도 제대로 정리되지 않았기 때문이다.

각 교단의 교육사 제도를 종합하여 비교하면 다음 페이지의 표와 같다.

교회교육사의 문제는 사회의 변화가 교회에 영향을 미친 결과라고 할 수 있다. 사회의 발달로 말미암아 교회에서도 담임목사 한 사람이 설교, 심방, 행정, 교회관리, 재정관리, 상담, 평신도 교육, 성례집전 그리고 주일학교 교육 등을 모두 책임지고 담당할 수 없다. 교회의 기능이 다양해짐에 따라 목회자의 사역이나 교회교육 지도자의 사역도 전문화를 요구하기 때문이다.

이것이 교육전문가에 의한 교회교육을 시행하려는 이유이기도 하다. 교회교육의 전문화를 위해서는 교육구조의 개선이 필요하다. 교육구조 개선의 시급한 과제로 두 가지를 제시할 수 있는데, 이는 곧 교육전도사 문제와 지도자 문제이다. 과거에는 담임목사와 전임교역자들은 대부분 설교, 성경공부, 행정 그리고 심방과 같은 전통적인 목회사역에 전념하였고, 교육은 교육을 전공하지도 않은 목사후보생들이 교육전도사라는 명칭으로 교회교육 사역을 담당하였다. 그리고 이것을 문제로 인식하지 않았다. 이러한 이원화된 교회교육 구조에서는 교회의 통일된 교육목적을 추구하

〈각 교단 교육사 제도〉

	예장 총회	예장 통합	예장 고신
명칭	총신대 신대원 36학점	총회고시부 주관 교회교육사 고시 합격자	총신대 신대원 36학점
(응시) 자격	신대원과 동일	1. ①(신학대에서 기독교교육전공)+(대학원에서 기독교교육을 전공, 신대원 졸업자) ②신대원 졸업 후 대학원에서 기독교교육 전공자 ③신학대학부 졸업 후 신대원에서 기독교교육을 부전공한 자 ④장신대 교육대학원 졸업자 2. 교회학교 전담 교육자 경력 1년 이상인 자 3. 총회의 교회교육사 교육과정 이수자(위 3항목을 모두 거친 자여야 함)	1. 교육사는 총회인정 대학의 신학과와 기독교교육학과 졸업자로 소정의 과목 이수자 2. 교육사가 대학원 기독교교육학과 신대원을 졸업했을 경우 교육 전문사 자격을 획득한다. 3. 일반 대학을 졸업한 자가 대학원 기독교교육학과나 신대원을 졸업하고 소정의 과목을 이수할 경우 교육 전문사 자격을 얻는다. 4. 교육사로서 5년 이상 봉사하고 재교육을 필한 자로 총회교육위의 자격시험에 합격한 자는 교육전문사가 된다.
지위	신대원과 동일	개교회 교육정책의 개발 및 교회교육에 대한 전반적인 업무를 담당하여 관장한다.	안수 받지 않은 교회교육 전담 사역자로 담임목사의 지도하에 개교회의 교역자들과 상호 협력하여 교회교육에 힘쓴다.

는 것도 어려웠을 뿐더러 담임목사의 목회철학과 교회주일학교의 교육철학이 연계될 수도 없었다. 그렇다고 하여 교회교육을 전공한 교육전문인 전임목사들을 초빙해서 교육정책을 맡길 수 있는 교회도 흔치 않았다. 대개는 신학교에 재학중인 신학생들을 채용하고 있는데 문제의 핵심은 여기에 있다. 기독교교육에 대한 신학적, 교육적 기초도 확립되지 않은 신학생들이 교육전도사로서 교회교육을 전담하는 데서 오는 비전문성과 비효율성 등이 문제이다. 어떻게 보면 그들은 전문교역자도 아니고 그렇다고 평신도 지도자도 아니다. 그것도 대부분 1~2년을 한 교회에서 사역하다가 다른 교회로 임지를 옮기는 파트타임 사역자이다. 그러한 교육전도사들이 철학과 소신을 필요로 하고 경험과 능력이 요구되는 교육전문가의 직분을 책임있게 그리고 효과적으로 수행할 수는 없다.

또 다른 일부 교회에서는 평신도교육을 통해 평신도 지도자들을 양육하여 그들에게 교육을 전담시킨다. 이는 수평적 교육형태로서 지금까지의 수직적 교육형태에 비해 새로운 방안으로 주목할 만하지만 교회교육의 효율성에서 볼 때는 신중하게 고려할 필요가 있다. 지금까지의 교육적 환경인 목사-평신도라는 수직적 교육이 일반 성도들 간의 수평적 교육보다 그 효과가 더 크기 때문이다.

이러한 환경에서 합동 교단의 교회들이 해결해야 할 당면 과제는 교회교육의 전문화와 교육구조의 갱신문제이다. 이 두 가지 주제를 논함에 있어 공통적 관심사는 교육의 주체인 교육목사제도이다. 한국교회에서 교육목사의 위치는 일정하지 않다. 교회마다 그 사정과 형편이 다르다. 그러나 교육목사에 대한 일반적 인식은 담임목사의 활동영역이 미치지 못하는 주일학교 교육을 책임지는 부교역자이다. 교육전도사와 같으나 목사안수를 받았기 때문에 교육목사라는 호칭을 쓰는 것에 지나지 않는 경우가 많다. 어떤 면에서는 부목사보다도 더 낮은 직급으로 간주된다. 이러한 현상이 한국교회, 좀더 구체적으로 말하자면 예장합동 교단 교육목사의 현실이다. 그러나 이것은 원래의 교육목사직의 모습이 아니다.

앞으로 한국교회의 교회교육이 제대로 이루어지려면 교육사의 역할을 바로 이해하고 이것을 뒷받침할 제도와 구조의 변화를 필요로 한다. 그 구체적인 내용을 살펴보면 첫째, 교육사를 어떤 한 부서의 교육에만 한정시키지 말고 전체 교회교육의 코디네이터 역할까지 맡게 함으로써 교회교육이 담임목사의 목회철학과 조화를 이룰 수 있게 해야 한다. 둘째, 교육정책 수립과 교육구조 갱신 및 교육활동 프로그램 제작 등은 교육전문가인 교육사들을 채용해서 전담시켜야 한다. 셋째, 총회와 학교의 차원에서도 교육사제도에 대한 신학교의 학위제도를 분명히 정립시켜야 한다. 현재 학자양성을 위한 과정으로 일반대학원에 소속해 있는 M. A., 교육전문가 과정으로 신학대학원의 과정으로 곧 시작하는 D.C.E., 그리고 교회목회자 과정으로 교육대학원에 소속되어 있는 M. Ed., 등으로 나누어져 있는 것을 우리 실정에 맞게 통일시킴으로써 목사 안수를 받지 않은 교육사들도 교회교육정책에 참여하고 전담할 수 있는 길을 열어 놓아야 할 것이다.

교육사이든 교육목사이든 간에 예장합동 교단에 소속된 교회에서는 위임목사 이외의 모든 교역자는 임기가 1년인 임시직이다. 젊었을 때에는 소명감으로 일한다고 하지만, 나이가 많아지고 부양가족이 생기고 성장하였을 때도 계속 임시직으로 있다면 좋은 교육전문가들을 배출해 내는 데 걸림돌이 될 것이다. 이것은 여러 가지 요인들이 얽혀 있는 복합적인 문제이다. 여기서는 다만 문제점만을 제시할 뿐이고, 해결책에 대해서는 앞으로 더 많은 연구가 있어야 할 것이다.

예장고신의 경우 학부 신학과와 기독교교육학과 졸업생들에게 모두 자격을 부여하되, 모두 신학과 기독교교육학 과정을 이수하도록 할 방침이다. 또 이미 졸업한 사람들에 대해서는 보충교육을 시킨 뒤에 자격증을 발급키로 했다. 그러나 여전히 실무기관들 사이에 많은 논의가 있은 뒤에야 시행단계로 접어들 것 같다. 이러한 제도적인 문제 외에도 교회 현장에서 얼마나 호응할 것이냐가 더 큰 과제이다. 당장 교육전도사 생활을 통해서 학비를 마련하고 있는 신학생들에게 지급할 장학금의 재원을 어떻게 충당할 것인가라는 쉽지 않은 문제부터 해결해야 하기 때문이다.

교사양성 내용

총회 차원에서 교사 양성을 하는 과정을 '주교교사 통신대학'이라고 한다. 주교교사 통신대학에는 각기 1년 과정을 두고 있는데 하나는 준교사과이고, 하나는 정교사과이다. 이러한 주교교사 통신대학의 목적은 개혁주의 신앙교리에 입각한 교사 양성, 교회의 교육적 사명에 불타는 교사 양성, 체계적인 교육으로 실력을 갖춘 교사 양성, 교회의 참된 부흥을 위한 지도자 양성, 그리고 기독교교육의 통일성과 질적 향상이다. 입학 자격은 담임교역자의 추천을 받은 자, 세례를 받은 각 교회의 현직 교사, 세례교인으로 기독교교육에 헌신할 성도, 가정에서 자녀를 신앙으로 지도할 부모, 그리고 정교사과는 준교사과를 수료한 자로 한정하고 있다. 준교사 과정에서 교과목으로 1학기에는 기독교 교육사와 주교 생활 지도를, 2학기에는 주교 전도학과 교회사를, 3학기에는 주교 예배학과 주교 교수법을, 4학기에는 성경개론과 교회계절학교 과목 등을 이수하면 수료증과 준교사 자격증을 수여한다. 그리고 정교사 과정에서는 1학기에 기독교 교육원리와 기독교 교육심리학을, 2학기에 시청각교육과 주교 행정학을, 3학기에 교회음악학과 기초교리학을, 4학기에 기독교 교육과정을, 그리고 이와 함께 출석수업 및 졸업논문을 제출하면 졸업장 및 정교사 자격증을 수여한다.

그리고 교사를 포함하여 모든 성도들의 교육을 위하여 '성경통신대학'을 운영하고 있다. 목적은 교단 산하 평신도들에게 개혁주의 신앙을 바로 알게 하고, 체계적인 교육으로 지상의 교육사명을 잘 감당하게 하며, 평신도를 교육하여 성경과 제반 신앙지식을 함양하고, 교회를 섬기고 봉사하게 하는 것이다. 이러한 목적을 달성하기 위하여 다양한 학과목을 개설하고 있는데, 성경열람 문제(신약편, 구약편), 성경개론, 기초교리학, 교회사, 청지기론, 예배학, 교회행정학, 종합문제집 등이 있다.

교리 교육의 강조

예장합동 교단은 그 신앙의 근본을 「웨스트민스터 신앙고백서」와 「대소요리 문답서」에 두고 있다. 이러한 내용을 교육함으로써 장로교인 특히 예장합동 교단의 교인상을 만들어 낸다고 할 수 있다. 그럼에도 불구하고 늘 신앙고백을 하고 있으나, 실제로는 「웨스트민스터 신앙고백서」와 「대소요리 문답서」에 대한 가르침을 받지 못할 뿐 아니라 그것이 무슨 내용을 담고 있는 것인지도 모르고 암송으로 고백하고 있는 것이 현실이다. 이렇게 교단과 교회의 교리교육은 구호에만 그치고 있다. 따라서 장로교회이지만 장로교인을 만들어 내지 못하는 문제점을 낳고 있다.

교단의 교육은 교단 계단공과를 통하여 교단의 독특성과 신앙을 가르치고 있다. 교단이 발행한 계단공과를 통한 교육은 성경이 일점일획도 틀림이 없는 하나님의 영감으로 기록된 책이라는 것을 강조한다. 그리고 삼위일체 하나님, 개혁신앙, 성경에 대한 지식, 확신 그리고 경건의 생활을 교육하는 데 중심을 둔다. 예장합동 교단에서 출판되는 책들은 이러한 개혁주의 성경관과 삶에 근거하고 있다.

3. 교단 신학교의 기독교교육 역사

여기서는 교단 신학교인 총신대학교의 기독교교육에 관계된 사항들을 살펴보고자 한다.

총신대학교 기독교교육과

해방 후 총회신학교의 학제는 예과 2년, 본과 3년, 별과 3년이었다. 그 후 1961년 3월 22일 학제를 대학부 4년, 별예과 2년, 본별과 3년, 기독교교육과 4년으로 변경하였다. 1969년 12월 24일 문교부로부터 4년제 정규대학인 총회신학대학의 설립인가를 받았다. 이때 신학과가 설치되었는데, 이 신학과는 지금의 신학과와는 성격이 다른 것이었다. 즉, 신학과는 신학을 공부하는 학과가 아니라 하부에 두 전공을 두었는데 하나는 기독교철학이고, 다른 하나는 기독교교육이었다. 총신대학교에서의 기독교교육 전공은 그 역사를 말하자면 1961년으로 거슬러 올라간다. 그리고 정식 학과로서의 출범은 1973년 12월 18일 문교부로부터 종교교육과(지금의 기독교교육과)를 인가받은 것에서 시작된다. 2년 후인 1975년 12월 26일 문교부로부터 '총회신학대학'에서 '총신대학'으로 명칭을 변경함과 함께 종교교육과의 정원도 20명에서 30명으로 증원받아 현재에 이르고 있다. 그 후 1978년 2월 15일 문교부로부터 대학원 인가를 받았는데 이때부터 기독교교육 분야에도 석사학위과정을 모집하였다. 그후 대학원 박사과정(Ph. D.)에도 신학과의 세부전공의 하나로 기독교교육학이 설치되어서, 현재는 박사과정에도 기독교교육 전공자가 학문을 연구하고 있다.

총신대 기독교교육과의 정원은 30명인데, 매년 8~10명 정도가 신학대학원에 진학한다. 그리고 두 명 정도가 기독교교육학 석사과정으로, 두 명 정도가 타 대학교의 대학원으로 진학을 한다. 그리고 군입대 등을 제외하면 13~14명이 남는다. 졸업생들에 관한 지난 수년간의 통계를 보면 매년 한 명 정도가 중등학교의 전임자리를 얻어서 성경을 가르친다. 남자들의 경우는 대체적으로 교목이나 종교학 분야로 매년 한두 명 정도가 중등학교의 강사직을 얻어 시간제로 성경이나 기타 과목을 가르친다. 전임교사와 시간강사를 합하여 10% 정도가 중등학교로 진출한다. 그 내용을 도표로 표시하면 다음과 같다.

연도	졸업생수	진학	학교취업	강사(학교 또는 학원)	취업
1997	14/17	12/3	0/1	0/7	1/3
1998	10/14	5/4	-	1/0	2/3
2000	13/6	7/1	-	-	4/4
2002	14/21	4/2	2/0	0/5	2/1
2005	21/12	6/0	1/0	0/4	12/3

* 숫자설명(남/여)

4. 종합 및 진단, 미래의 전망

1945년 해방과 1959년 통합 측과 분리된 후의 대한예수교장로회총회 합동 측 교육의 줄기는 계단공과를 통한 교육이라고 할 수 있다. 예장합동 교단은 교회사역에서 교회교육보다는 주일 예배를 중심으로 한 장년 목회에 더 많은 관심을 가지고 있었다. 그후 해방이 된 지 20년이 지난 1967년에 합동 측 교단의 독자적인 유·초등부 주일학교 공과가 발간됨으로써 체계적인 주일학교 교육이 시행되었다. 그후 몇 번의 부분적인 수정을 거치다가 1999년에 과거의 공과와는 교육과정, 체계 등을 새롭게 한 새 공과가 출판되었다. 앞에서도 언급하였지만 간략하게 다시 요약한다면, 유아부와 유치부는 2년 과정으로 구성되었고, 유년부, 초등부, 중등부,

고등부, 청년1부, 청년2부, 장년1부, 장년2부, 노년부는 각각 3년 과정으로 구성되었다. 교육과정도 교단의 교육전문가들에 의하여 작성되었다.

이외에도 교사양성 및 교사계속교육을 위하여 「기독교 교육총서」를 발간하고 있는데, 총신대학교의 기독교교육학과, 유아교육과 및 신학대학원 교수들과 교단 내의 기독교교육 전문가들에게 위촉하여 집필하고 있다. 이외에도 개혁신학에 입각한 외국의 기독교교육학 관련서적들을 번역하고 있다. 20세기 말과 21세기 초의 전환기에 서서 예장합동 교단의 총회교육은 새로운 시작을 하고 있다.

또한 총회교육국 및 교육개발원 직원들의 학력과 경력을 볼 때 차츰 전문화되어 감을 볼 수 있다. 10년 전까지 총회교육국의 역할은 교단소속 교회의 주일학교 교육을 위한 행정서비스에 치중해 왔다고 한다면, 1990년대에 들어오면서부터는 총회교육국 자체가 주체가 되어 총회 차원의 교육을 기획하고 정립하고 실천해간다고 볼 수 있다. 총회교육국 및 개발원 직원들도 신학뿐 아니라 기독교교육 전공자들로 구성되어 있어서 교단 교육을 내실화하는 원동력이 되고 있다.

지금까지는 시급한 과제들을 그때그때 해결해가는 데 중점을 두었다고 한다면 이제부터는 장기적인 교육계획을 수립해야 한다. 크게는 새로운 천년을 향한 교단의 교육정책을 수립해야 하고, 그러한 교육정책에 근거한 프로그램을 만들어야 한다. 예장합동 교단은 '살았고 운동력 있는' 말씀인 성경을 하나님의 기록된 말씀으로 믿는다. 그러므로 하나님의 말씀을 믿음의 후손들에게 효과적으로 전하기만 한다면 놀라운 성령의 역사가 한국교회에 다시 한 번 일어날 것이라고 믿는다. 설교로 새 생명을 얻은 성도들을 말씀으로 교육함으로써 '그리스도의 장성한 분량이 충만한 데까지' 성도들이 성숙하는 것을 비전으로 삼을 때 말씀으로 부흥하는 교단이 될 것이다.

주제색인

가정예배 59
감독학교 13
교리문답 15
교리문답학교 13
교사교육 77pp
교육기관 10, 12
교육내용 10, 12
기독교청년회 63, 70pp
네비우스 방법 37, 43
문화운동 93
면려청년회 63, 67
사도들의 교육 12
4과 14
3학 13
상동학원 65
새문안교회 68
선교연합공의회 22, 24
성경구락부 113pp
성경연구반 40, 41, 47pp, 54, 57, 77, 107
성경통신반 47, 53
성막교육 9, 10
세례지원자 학교 12
신입교인반 58
엡윗 청년회 63, 64pp
예수님의 교육 11
유대교육 9, 12
율법 10
제사장 10
조선교육령 94
조선예수교장로회 25, 70, 96, 128
조선주일학교연합회 23, 83, 128
주일학교 16, 17, 47, 55pp, 82pp, 86, 96pp, 102
초대교회 시대 11
하기 아동성경학교 83, 103pp
헬라교육 13
확장주일학교 56, 103, 107

인물색인

곽안련(C. A. Clark) 78
권세열(Francis Kinsler) 113, 121, 124
김득룡 23, 144
김재준 127
김필례 42
노블(W. A. Noble) 55
라이언(D. Willard Lyon) 71
레익스(Robert Raikes) 16
로버츠(S. L. Roberts) 58
로즈(Harry A. Rhodes) 48, 49, 54
루터(Martin Luther) 15
문동환 28
미나미(南次郞) 94
박형룡 127
배로(Varro) 13
백낙준 36
사이또(寺內正毅) 92
스왈렌(W. L. Swallen) 53, 109
아펜젤러(Appenzeller) 36, 37, 63, 70
애비슨(Avison) 36
언더우드(Horace G. Underwood) 35, 36, 40, 43, 48, 63, 70
엄요섭 22
윤치호 41
이능화 34
카펠라(Martianus Capella) 13
칼빈(J. Calvin) 15
코메니우스(J. A. Comenius) 15
클락(Francis Edward Clark) 67, 68
키케로(Cicero) 13
판테누스(Pantaenus) 13
피셔(James E. Fisher) 33, 36

한국교회 교육사

초판발행 / 2004년 8월 27일
개정판1쇄 / 2006년 9월 11일

지은이 / 한춘기
편집·제작 / 대한예수교장로회총회 출판부
발행 / 대한예수교장로회총회

주소 / 서울시 강남구 대치3동 1007-3
전화 / (02)559-5655~6
팩스 / (02)564-0782
인터넷서점 / www.holyonebook.com

출판등록 / 가 제3-117호 1977. 7. 18
ISBN / 89-8490-267-5 93230
       978-89-8490-267-1

ⓒ2004, 대한예수교장로회총회

* 잘못된 책은 바꾸어 드립니다.